mieko

sasaki

刺しゅう
で 楽しむ
可愛い 雑貨

sewing and stitchwork

contents

はじめに 004

a story of
handkerchief
> ハンカチの物語

三つ折りハンカチ 010
巻きロックハンカチ 012
額縁仕立てハンカチ 014
コラム〈1〉刺しゅうの思い出 016
図案〈1〉ハンカチの物語 018

a story of
brooch
> ブローチの物語

ティアラのブローチ 024
お城のブローチ 026
孔雀のブローチ 028
花と蝶のブローチ 030
赤い靴のブローチ 032
小さな蝶のブローチ 034
コラム〈2〉刺しゅう図案とイラスト 036
図案〈2〉ブローチの物語 038

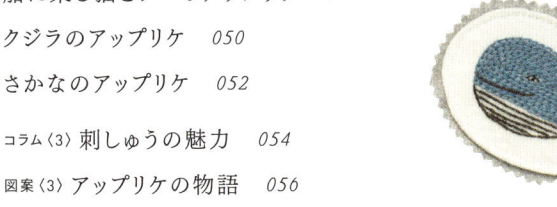

a story of
applique
> アップリケの物語

猫のアップリケ 044
ワニのアップリケ 046
船に乗る猫とワニのアップリケ 048
クジラのアップリケ 050
さかなのアップリケ 052
コラム〈3〉刺しゅうの魅力 054
図案〈3〉アップリケの物語 056

a story of

mat

> マットの物語

猫のランチョンマット　062

パッチワークマット　066

コラム〈4〉布の楽しさ　072

図案〈4〉マットの物語　074

a story of

triangle bag

> 三角バッグの物語

キャンディの三角バッグ　080

花と蝶の三角バッグ　084

コラム〈5〉布のお店 はなはっか　088

図案〈5〉三角バッグの物語　090

a story of

tote bag

> トートバッグの物語

動物音楽隊のバッグ　096

天体のバッグ　100

コラム〈6〉祖母との日々　104

図案〈6〉トートバッグの物語　106

道具と材料　110

基本的技法　112

型紙　116

おわりに　126

foreword

> はじめに

はじめて刺しゅうをしたのはいつの頃だったのか。たしか小学校の低学年の頃だったと記憶しています。その当時、子どもでも作れる簡単な手芸の本がたくさん出ていて、見よう見まねでやっていたように思います。
それから数十年、刺しゅう雑貨の本を出すこととなりました。
数ある手芸技法の中でも、刺しゅうの魅力は「針と糸・布があればワンポイントでもすぐに作品になってしまう気楽さ」にあります。ひと針ひと針手を動かして何かを作り上げていく時間を持つということは、買えば何でも済んでしまう現代生活において、とても豊かなことではないでしょうか。

本書では、雑貨自体の制作もご紹介していますが、まずは既製品に刺しゅうするところからはじめてみてもいいと思います。慣れてきたら色を変えて、図案の一部分だけを使って……などのアレンジも楽しいですね。
この本がやさしく刺しゅうに取り組むきっかけとなれたら、そして身近な雑貨を生み出す喜びを感じていただけたらうれしいです。

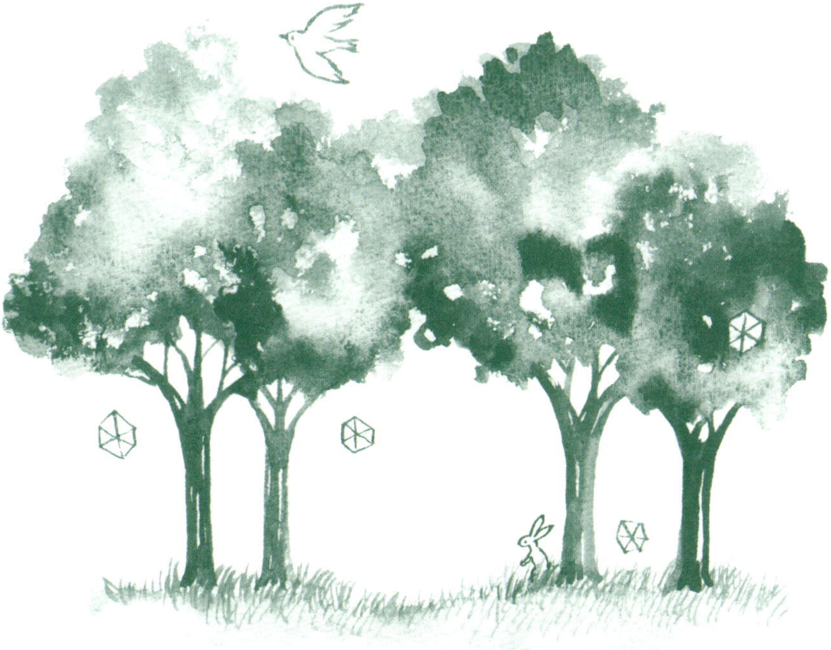

a story of handkerchief

> ハンカチの物語

She was lost in the forest.

A bear gave his handkerchief to her.

The handkerchief stemmed her tears.

handkerchief
三つ折りハンカチ

簡単に作れるハンカチです。
1枚の布ならばより易しくなります。ここでは2枚重ねにしましたが、
色を変えても楽しいですね。

※単位＝cm

size
※ 仕上がりサイズ＝27×27cm

material
※ リネンガーゼ（グリーン）＝60×35cm
※ 刺しゅう糸（DMC25番）＝761番（ピンク）／898番（セピア）

how to make
1. リネンガーゼを寸法通りにA・Bの2枚カットする。
2. 27×27cmの方Aに図案を写して刺しゅうする。
3. Bと重ね、縁を三つ折りにしてアイロンをかけ、しつけをする。
4. 折り端にミシンをかける。

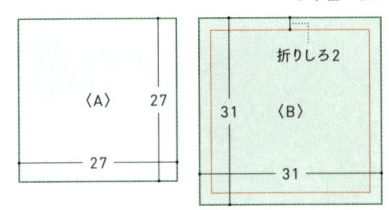

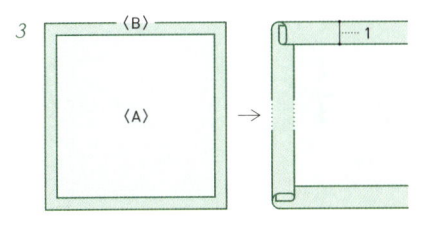

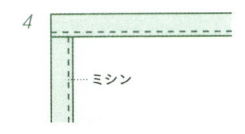

フレンチノット 898
サテン 898
バック 898
チェーン 761

※糸はすべて2本どり／A4用紙に125％で拡大コピー

012

handkerchief
巻きロックハンカチ

ロックミシンをお持ちの方におすすめです。
一気に縫ってしまうので、とても簡単。
布と糸の色をあえて変えても可愛い感じに仕上がります。

※単位＝cm

size
※ 仕上がりサイズ＝44×44cm

material
※ リネン（ギンガムチェック）＝50×50cm
※ 刺しゅう糸（DMC25番）＝814番（エンジ色）／725番（黄色）

how to make
1. 布の裏に仕上がりサイズをチャコペンシルで印をつけ、ロックミシンの巻きロックで縁を処理する。
2. リネンに図案を写して、刺しゅうをする。
3. ロックミシンの糸の始末をする。

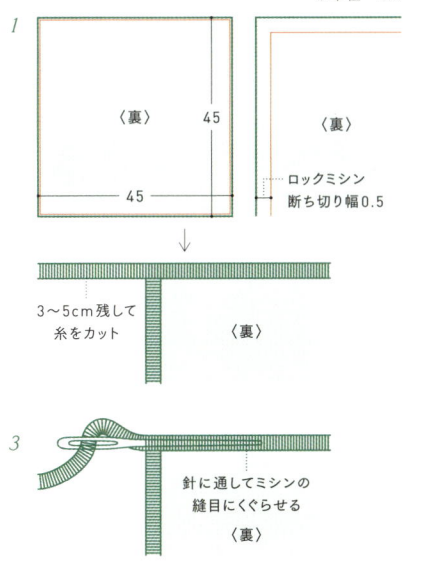

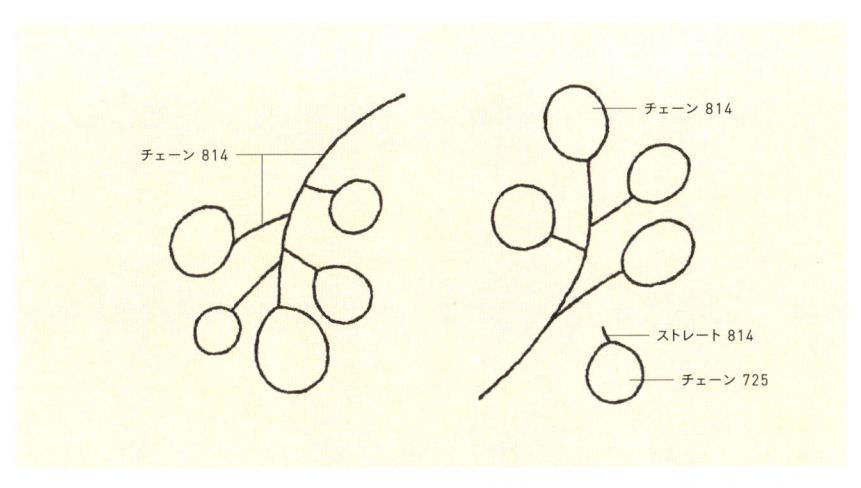

1
〈裏〉 45
45
〈裏〉
ロックミシン
断ち切り幅0.5

3～5cm残して糸をカット
〈裏〉

3
針に通してミシンの縫目にくぐらせる
〈裏〉

チェーン 814

チェーン 814
ストレート 814
チェーン 725

※糸はすべて2本どり／A4用紙に125％で拡大コピー

014

handkerchief

額縁仕立てハンカチ

上品な印象の額縁仕立てを、1枚の布で作りました。
贈り物にもぴったりです。

size

※ 仕上がりサイズ＝45×45cm

material

※ リネン（白）＝50×50cm
※ 刺しゅう糸（DMC25番）＝321番（赤）／924番（深緑）／ECRU（生成り）

how to make

1. 布の表に出来上がりサイズをチャコペンシルで書く。
2. 周囲に折りしろをとって裁断し、折りしろを折る。まっすぐになるようにアイロンをかける（※厚紙などを間に入れるとよい）。
3. 出来上がりの角を45度に折る。
4. 折ったところから、直角になるように線を引きミシンをかける。
5. ミシン線から3〜4mmを残し、余分をカットする。
6. 縫いしろを割り、アイロンをかける。
7. 裏に引っくり返す（※ピンセットなどを使うと角がきれいに出る）。
8. 他の角も同様に仕上げ、出来上がり線で折り、アイロンで整え、折り端にミシンをかける。
9. 図案を写し刺しゅうをする（※先に額縁仕立てをしてから刺しゅうすると、バランスがとれる）。

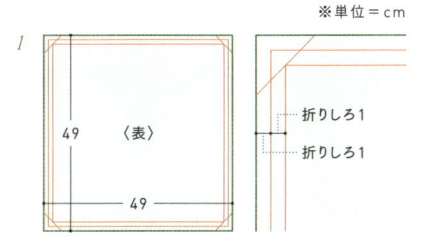

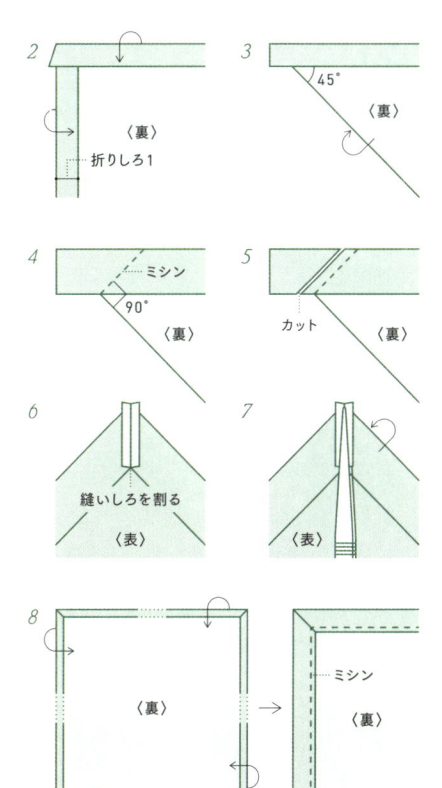

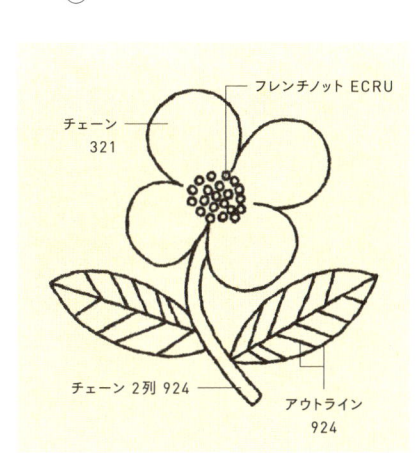

※単位＝cm

フレンチノット ECRU
チェーン 321
チェーン 2列 924
アウトライン 924

※糸はすべて2本どり／A4用紙に150％で拡大コピー

column

コラム〈1〉

刺しゅうの
思い出

幼稚園の頃、ブラウスの上に制服の水色のスモッグを着ていくのが登園スタイルでした。ブラウスは指定ではなく自由。そこで、おしゃま女子たちが競ったのが、スモッグから出るブラウスの襟！！
園児たちは白い丸襟に施された刺しゅうに情熱を傾け、誰の襟が素敵なのかで、おおいに盛り上がったものです。私もその例にもれず、可愛い刺しゅうの入った襟ブラウスをあれもこれもとねだっては、母を困らせていたようです。
そのうちおしゃれ合戦はますますエスカレート。襟だけにとどまらず、ブラウスの見頃についた刺しゅうやレースを、こっそりスモッグを脱いでの自慢大会にまで発展。ついに先生にばれて怒られ、あえなく流行は収束…。そんな顛末を迎えたのでした。
刺しゅうの入ったブラウスを見かけると、その頃の思い出が懐かしくよみがえります。現在高校生の娘がまだ小さかった時にも、よく買ってあげました。Tシャツ一辺倒の彼女にはほとんど着てもらえませんでしたが。
今の時代には、少々ノスタルジックな装いかもしれません。けれど、刺しゅうの入った白い丸襟ブラウスは、永遠の女の子スタイルだと私はひそかに信じているのです。

図案〈1〉ハンカチの物語

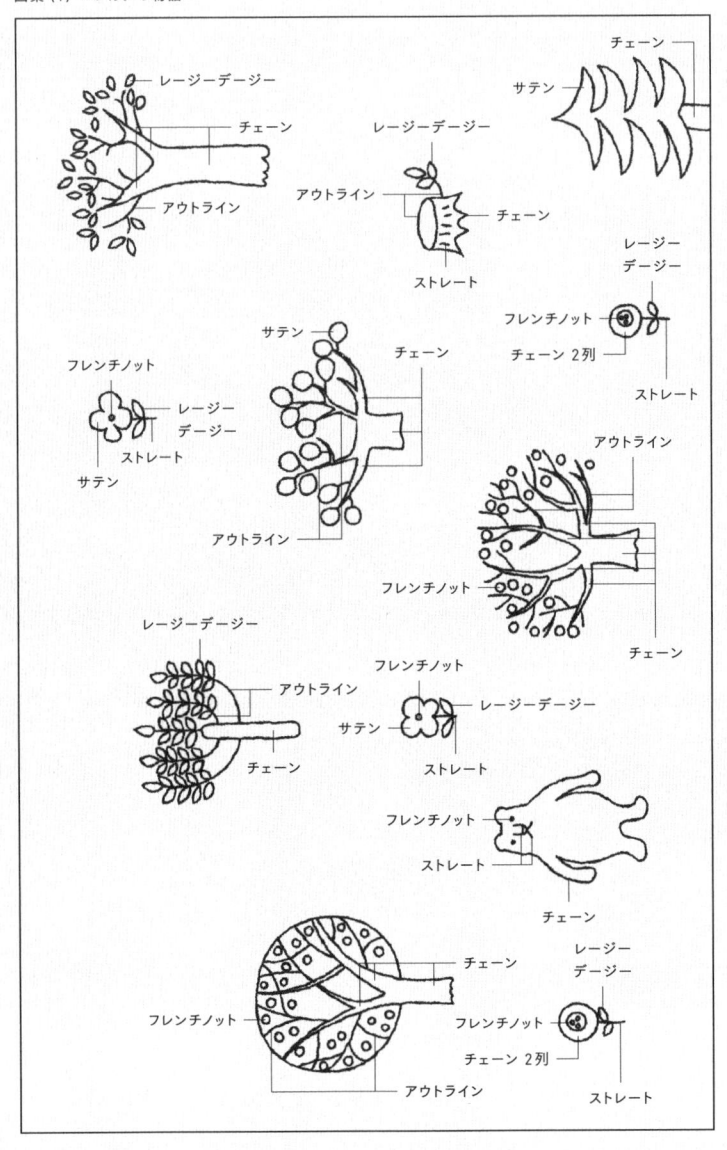

※刺しゅう糸（DMC25番）＝3864番／糸はすべて2本どり／A3用紙に200％で拡大コピー

a story of *brooch*
　ブローチの物語

She was on the way
　　to the castle for the party.

Then butterflies gathered around her.

Before she knew it, a butterfly brooch was on her chest.

024

brooch
ティアラのブローチ

プリンセスは女性の永遠の憧れ。
刺しゅうのブローチにすると、さり気なく使えます。

size
※ 仕上がりサイズ＝7×14cm

material
※ リネン（白）＝10×10cm
※ フェルト（白）＝10×10cm
※ トーションレース＝巾1.5×12cm
※ 接着芯＝15×15cm
※ ブローチピン＝1個
※ 刺しゅう糸（DMC25番）＝742番（黄色）／807番（セルリアンブルー）

how to make
1. リネンに図案を写して、刺しゅうをする。
2. 完成したら裏にアイロンで接着芯を貼る。
3. リネンとフェルトを型紙通りに円形にカットする。
4. リネンとフェルトの間に、2つ折りにしたトーションレースをはさみ、縁にミシンをかける。
5. 裏面にブローチピンを縫いつける。

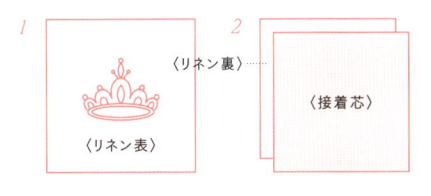

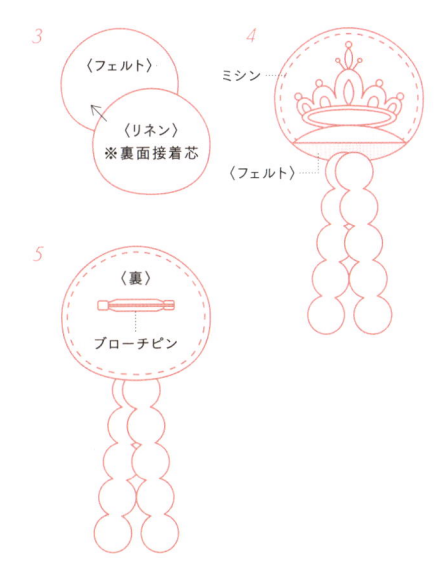

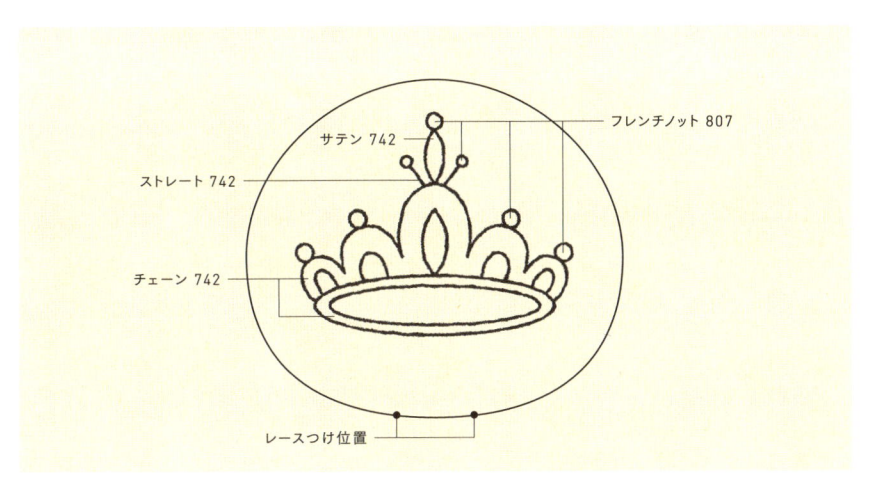

1 〈リネン表〉
2 〈リネン裏〉〈接着芯〉
3 〈フェルト〉〈リネン〉※裏面接着芯
4 ミシン 〈フェルト〉
5 〈裏〉ブローチピン

サテン 742
ストレート 742
チェーン 742
フレンチノット 807
レースつけ位置

※糸はすべて2本どり／A4用紙に125%で拡大コピー

026

brooch
お城のブローチ

リボンを使用してロゼットにしました。
あらかじめギャザーやタック状になっているものを
使うと手軽に出来ます。

size

※ 仕上がりサイズ＝10×15cm

material

※ リネン（フラックスベージュ）＝15×15cm
※ フェルト（芯・裏面用／白）＝25×15cm
※ フリルレース＝巾1×32cm
※ グログランリボン（ストライプ）＝18cm
※ 接着芯＝12×12cm
※ 厚紙＝10×10cm
※ ブローチピン＝1個
※ 刺しゅう糸（DMC25番）＝350番（赤）／742番（黄色）／796番（青）／703番（黄緑）

how to make

1. リネンに図案を写して、刺しゅうをする。
2. 完成したら、裏にアイロンで接着芯を貼る。
3. リネンとフェルト2枚、厚紙を型紙通りにカットする。
4. リネン・フェルト（芯用）・厚紙の順で重ね、縫いしろを織り込んでアイロンで形を整える。リネンの縫いしろの部分に、しつけ糸で荒くぐし縫いをして絞り、アイロンをかける。
5. 厚紙を抜き、まわりにフリルレースをおき、しつけをする。
6. 刺しゅう本体と裏面用のフェルトを重ね、グログランリボンを2つ折りにしてはさみ、まわりにミシンをかける（※）。
7. 裏面にブローチピンを縫いつける。

※この作品では、ゴムタイプのフリルレースを使用。縫いしろ付のフリルレースの場合は、工程6でグログランリボンと一緒にリネンと裏フェルトの間にはさみ込み、しつけをして端ミシンをかける。

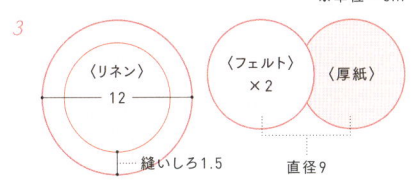

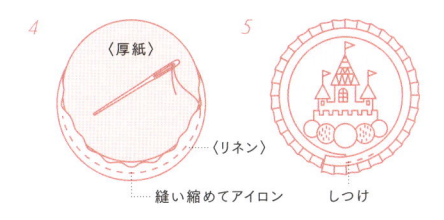

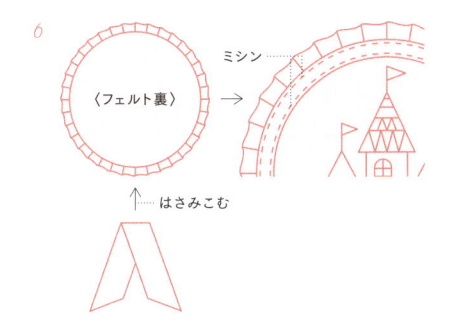

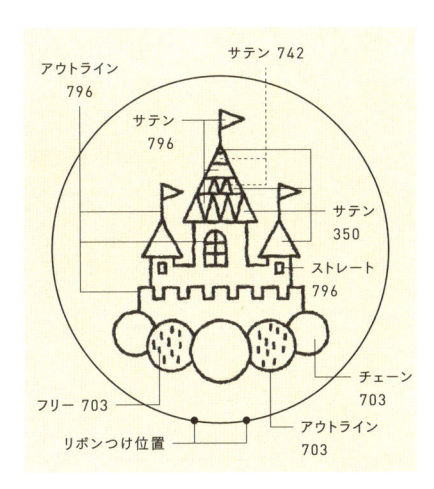

※単位＝cm

3　〈リネン〉12　縫いしろ1.5　〈フェルト〉×2　〈厚紙〉　直径9

4　〈厚紙〉〈リネン〉縫い縮めてアイロン
5　しつけ

6　〈フェルト裏〉ミシン　↑はさみこむ

アウトライン 796
サテン 742
サテン 796
サテン 350
ストレート 796
チェーン 703
フリー 703
リボンつけ位置
アウトライン 703

※糸はすべて2本どり／A4用紙に200％で拡大コピー

brooch

孔雀のブローチ

使用したリボンはシルクの手染めのもの。
孔雀の華やかなイメージで色合いを選びました。
レースなどを使っても素敵です。

size

※ 仕上がりサイズ＝10×16cm

material

※ リネン（フラックスベージュ）＝15×20cm
※ フェルト（白）＝15×20cm
※ シルクリボンＡ（ブルーorパープルのグラデーション）＝巾2.5×36cm
※ シルクリボンＢ（パープルorモスグリーンのグラデーション）＝巾2.5×25cm
※ 接着芯＝15×20cm
※ ブローチピン＝1個
※ 刺しゅう糸（DMC25番）＝3808番（ピーコックブルー）／725番（黄色）／844番（チャコールグレー）

how to make

1. リネンに図案を写して、刺しゅうをする。
2. 完成したら裏にアイロンで接着芯を貼る。
3. リネンとフェルトを型紙通りにカットする。
4. シルクリボンＡを3本、Ｂを2本にカットする（※1〜2cm、長さに違いを出すと、リボンに動きが出る）。
5. リネンとフェルトの間にシルクリボンＡ・Ｂをはさみ、縁にミシンをかける。
6. 裏面にブローチピンを縫いつける。

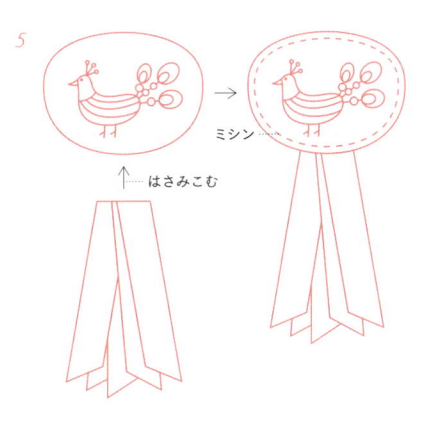

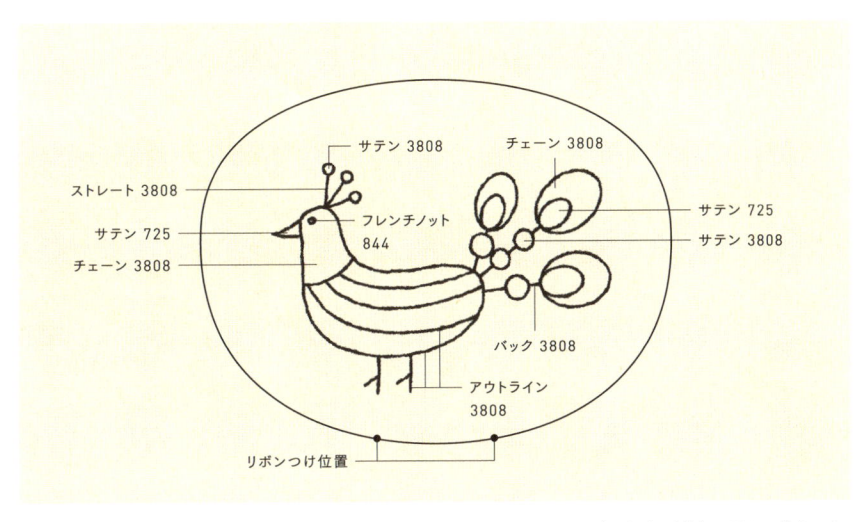

5　　↑はさみこむ　　ミシン

※糸はすべて2本どり／A4用紙に150％で拡大コピー

ストレート 3808
サテン 725
チェーン 3808
サテン 3808
フレンチノット 844
チェーン 3808
サテン 725
サテン 3808
バック 3808
アウトライン 3808
リボンつけ位置

brooch

花と蝶のブローチ

ふたつのブローチが繋がったデザインです。
繋ぐリボンを複数にしたり、もっと長くしたり、
アレンジを加えて楽しめます。

size

❋ 仕上がりサイズ＝8.5×24cm（※レースをのばしたサイズ）

material

❋ リネン（白）＝20×20cm
❋ フェルト（白）＝20×20cm
❋ トーションレース＝巾1.2×15cm
❋ 接着芯＝20×20cm
❋ ブローチピン＝2個
❋ 刺しゅう糸（DMC25番）＝350番（赤）／648番（ライトグレー）／796番（青）

how to make

1. リネンに図案（花・蝶）を写して、刺しゅうをする。
2. 完成したら裏にアイロンで接着芯を貼る。
3. リネンとフェルトを型紙通りにカットする。
4. リネンとフェルトの間の所定の位置に、2つ折りにしたトーションレースをはさみ、縁にミシンをかける。
5. 花・蝶それぞれ裏面にブローチピンを縫いつける。

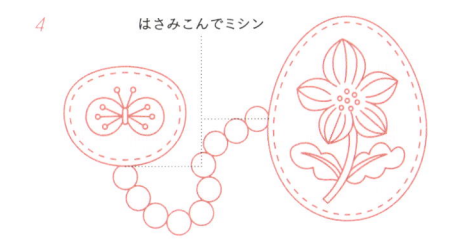

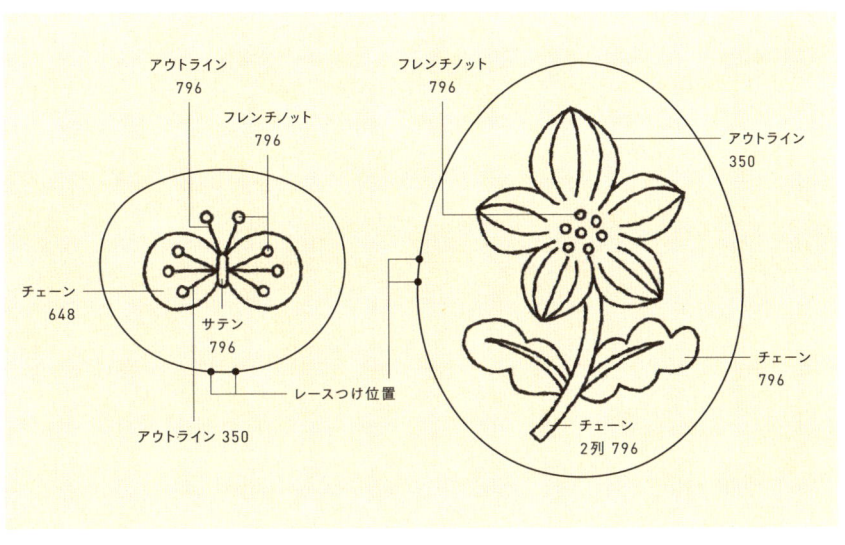

4 はさみこんでミシン

アウトライン 796
フレンチノット 796
チェーン 648
サテン 796
アウトライン 350
レースつけ位置
フレンチノット 796
アウトライン 350
チェーン 796
チェーン 2列 796

※糸はすべて2本どり／A4用紙に125％で拡大コピー

032

brooch

赤い靴のブローチ

可愛らしい丸いフォルムの靴にしました。
生成りのリックラックテープが
ノスタルジックな少女のイメージです。

size
※ 仕上がりサイズ＝8×7cm

material
※ リネン（フラックスベージュ）＝10×10cm
※ フェルト（白）＝10×10cm
※ リックラックテープ（コットン素材）＝巾0.8×25cm
※ 接着芯＝10×10cm
※ ブローチピン＝1個
※ 刺しゅう糸（DMC25番）＝321番（赤）／844番（チャコールグレー）

how to make
1. リネンに図案を写して、刺しゅうをする。
2. 完成したら裏にアイロンで接着芯を貼る。
3. リネンとフェルトを型紙通りにハート形にカットする。
4. リネンとフェルトの間にリックラックテープをはさみ、縁にミシンをかける。
5. 裏面にブローチピンを縫いつける。

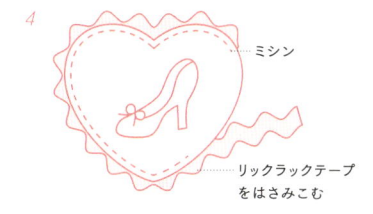

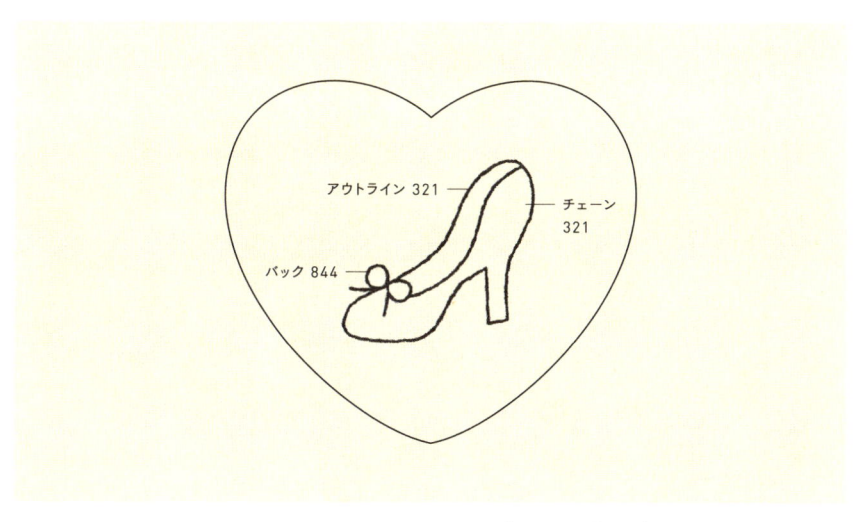

4
……ミシン
……リックラックテープをはさみこむ

アウトライン 321
チェーン 321
バック 844

※糸はすべて2本どり／A4用紙に125％で拡大コピー

034

brooch

小さな蝶のブローチ

小さな小さなブローチです。
衿もとや胸元に留めると、ふわりと春が降りてきたような
優しい雰囲気になります。

size
❋ 仕上がりサイズ＝4×14cm

material
❋ フェルト（白）＝8×8cm
❋ フェルト（パープルor好みの色）＝8×8cm
❋ トーションレースA＝巾1.5or2×24cm
❋ トーションレースB＝巾1.5or2×13cm
❋ ブローチピン＝1個
❋ 刺しゅう糸（DMC25番）＝3854番（黄色）／807番（セルリアンブルー）／598番（水色）

how to make
1. フェルトに図案を写して、刺しゅうをする。
2. 表と裏のフェルトを型紙通りにだ円形にカットする。
3. トーションレースAを7cm・9cm・8cmにカットする。Bはそのままの長さ。
4. フェルトとフェルトの間にトーションレースA・Bをはさみ、縁にミシンをかける。
5. 裏面にブローチピンを縫いつける。

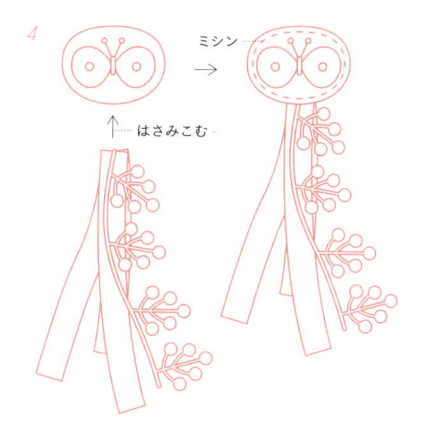

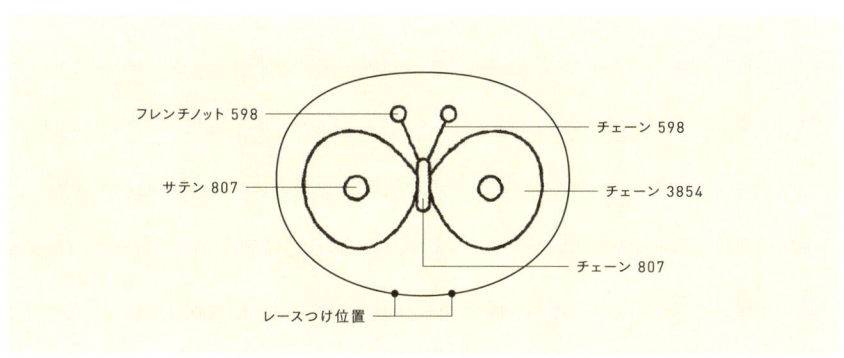

フレンチノット 598
チェーン 598
サテン 807
チェーン 3854
チェーン 807
レースつけ位置

※糸はすべて2本どり／A4用紙に原寸コピー

column

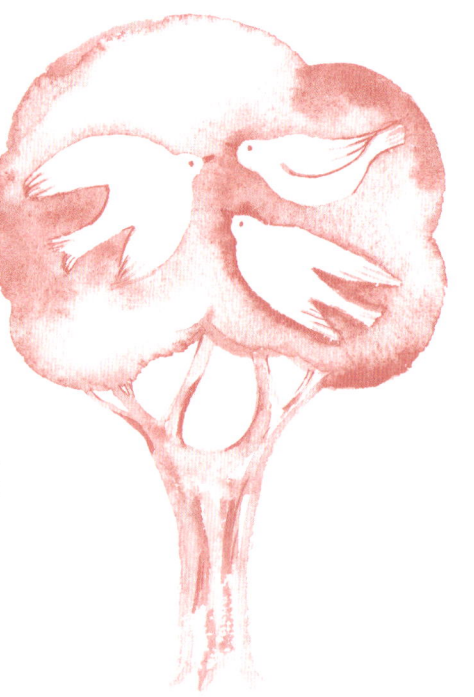

コラム〈2〉

刺しゅう図案とイラスト

私はイラストレーターとしても長い間仕事をしています。
刺しゅうをする時も、どちらかというと絵を描く感覚に近いのです。ただイラストと違うのは、完成するまでの時間の長さと手順の細かさでしょうか……。
イラストは水彩絵の具を使うことが多いのですが、銅版画や彫刻なども制作しています。銅版画も彫刻も、作品が完成するまでにはいくつもの手順を踏んで長い時間がかかります。時間がかかることによって、最初に意図していた軽やかな雰囲気やいきいきとした線の魅力が失われてやり直すこともしばしば。ちょっと刺しゅうも似ているなと思います。
自分のイメージを刺しゅうという技法でいかに表現できるか、まだまだ修業の日々は続きます。

図案〈2〉ブローチの物語

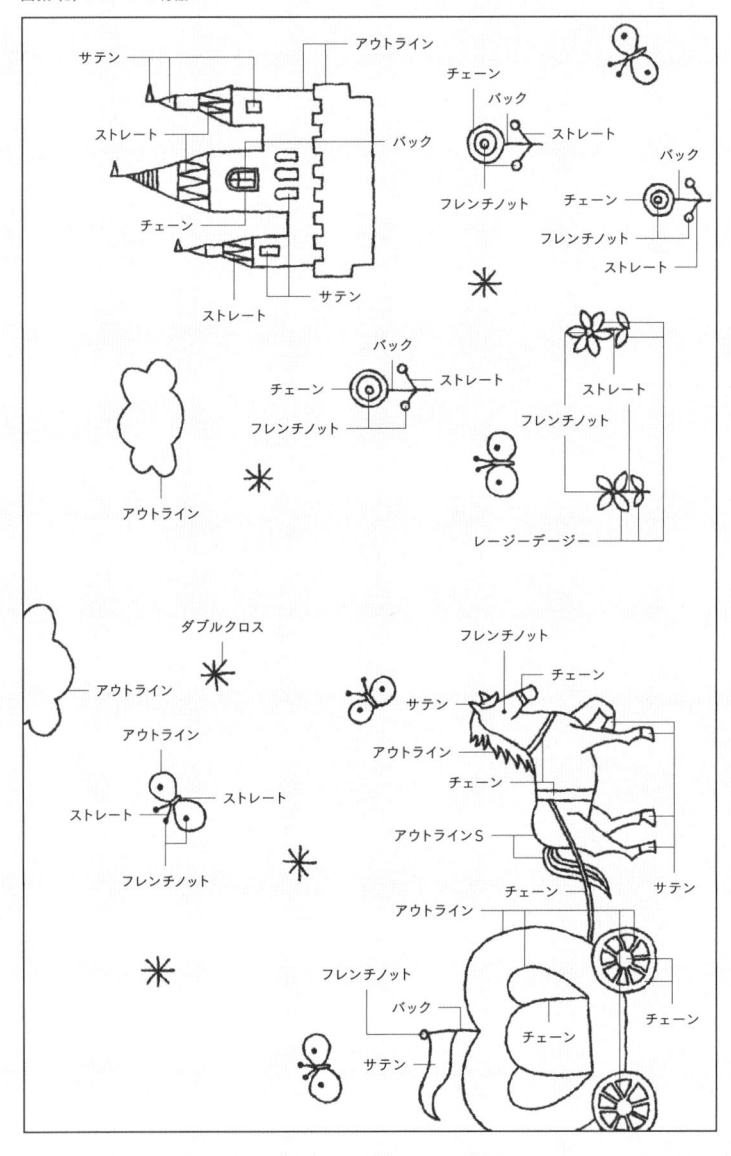

※刺しゅう糸（DMC25番）＝400番／糸は馬車・馬2本どり、それ以外1本どり／A3用紙に200％で拡大コピー

a story of *applique*

> アップリケの物語

She came across
a whale in the sea.

She gave the whale her straw hat.

Whales were her favorite animal.

applique
猫のアップリケ

マリン風の猫は、何かを企んでいるような目つき。
服はもちろん、バッグや雑貨につけても楽しいですね。

size

※ 仕上がりサイズ＝5×9.5cm

material

※ フェルト表（白）＝15×10cm
※ フェルト裏（赤）＝15×10cm
※ 刺しゅう糸（DMC25番）＝349番（赤）／796番（青）／844番（チャコールグレー）

how to make

1. フェルト表に図案を写して、刺しゅうをする。
2. 表と裏のフェルトを型紙通りにカットする（※裏のフェルトは表より1cmほど大きくカット）。
3. 表裏のフェルトを重ねてミシンを端にかける。
4. 裏のフェルトをピンキングばさみでカットする（※表裏のフェルトにずれがでるため、ミシンをかけ終えてからまわりをカットすること）。

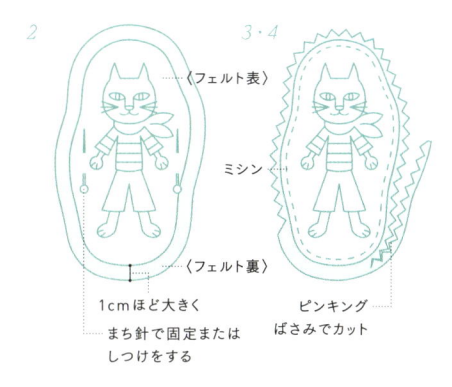

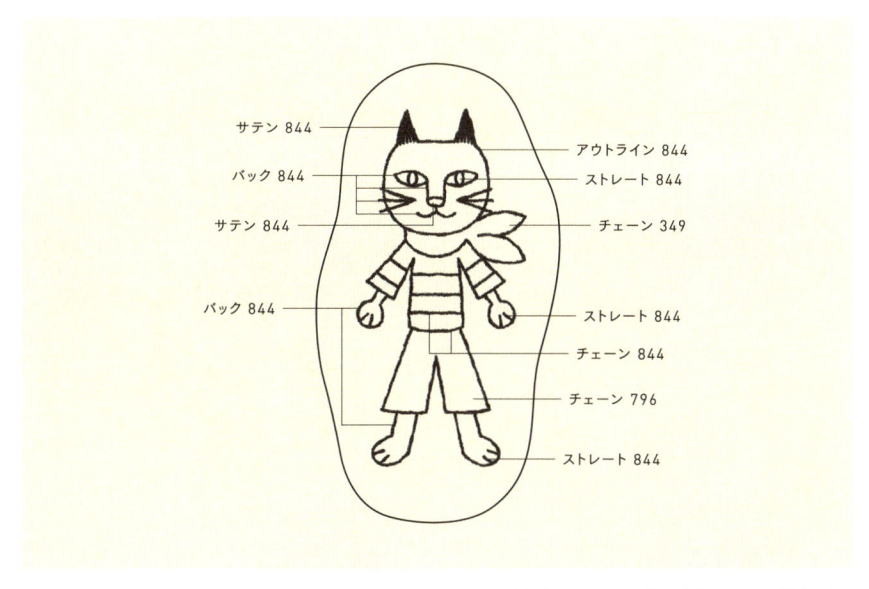

2
〈フェルト表〉
1cmほど大きく
まち針で固定または
しつけをする

3・4
〈フェルト表〉
ミシン
〈フェルト裏〉
ピンキング
ばさみでカット

サテン 844
バック 844
サテン 844
バック 844

アウトライン 844
ストレート 844
チェーン 349
ストレート 844
チェーン 844
チェーン 796
ストレート 844

※糸はすべて2本どり／A4用紙に150％で拡大コピー

046

applique
ワニのアップリケ

男の子にもおすすめのアップリケ。
ジーンズなどにつけても可愛いですよ。

size

※ 仕上がりサイズ＝9×9cm

material

※ フェルト表（白）＝15×15cm
※ フェルト裏（赤）＝15×15cm
※ 刺しゅう糸（DMC25番）＝703番（グリーン）／937番（オリーブグリーン）／844番（チャコールグレー）

how to make　　　※工程2〜4はP45と共通

1. フェルト表に図案を写して、刺しゅうをする。
2. 表と裏のフェルトを型紙通りにカットする（※裏のフェルトは表より1cmほど大きくカット）。
3. 表裏のフェルトを重ねてミシンを端にかける。
4. 裏のフェルトをピンキングばさみでカットする（※表裏のフェルトにずれがでるため、ミシンをかけ終えてからまわりをカットすること）。

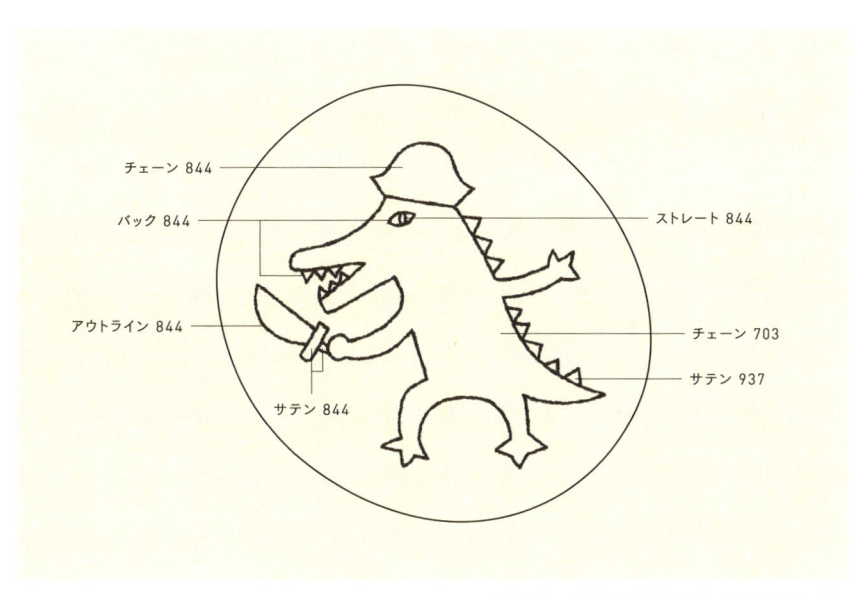

- チェーン 844
- バック 844
- アウトライン 844
- サテン 844
- ストレート 844
- チェーン 703
- サテン 937

※糸はすべて2本どり／A4用紙に150％で拡大コピー

applique

船に乗る猫とワニのアップリケ

一番大きなサイズのアップリケ。
クジラや魚のアップリケと組み合わせて
賑やかに使っても楽しいです。

size
※ 仕上がりサイズ＝11×14cm

material
※ フェルト表（白）＝15×18cm
※ フェルト裏（青）＝15×18cm
※ 刺しゅう糸（DMC25番）＝703番（グリーン）／796番（青）／350番（赤）／844番（チャコールグレー）

how to make　　　※工程2〜4はP45と共通

1. フェルト表に図案を写して、刺しゅうをする。
2. 表と裏のフェルトを型紙通りにカットする（※裏のフェルトは表より1cmほど大きくカット）。
3. 表裏のフェルトを重ねてミシンを端にかける。
4. 裏のフェルトをピンキングばさみでカットする（※表裏のフェルトにずれがでるため、ミシンをかけ終えてからまわりをカットすること）。

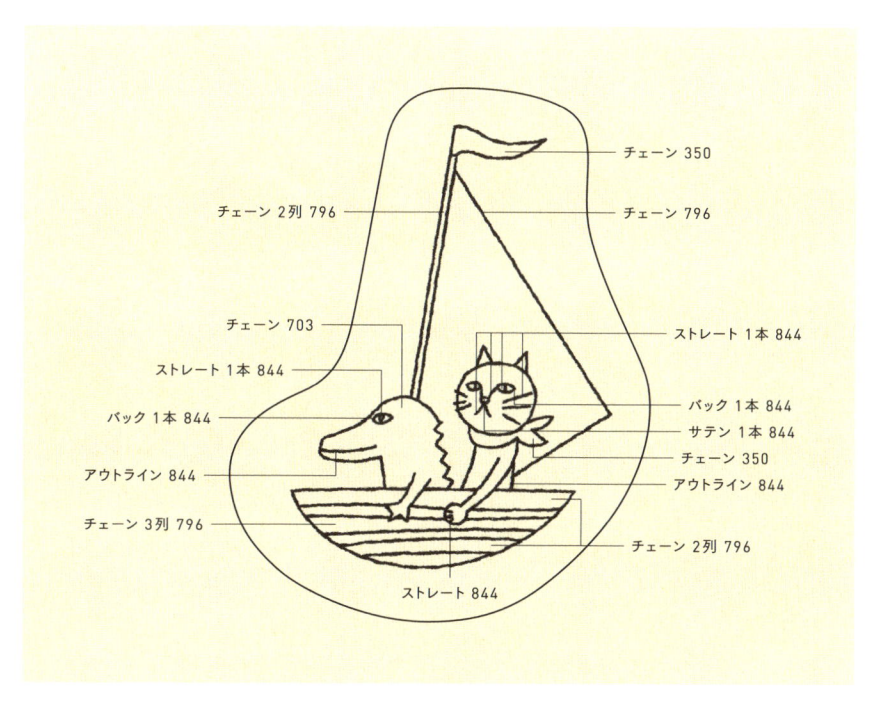

- チェーン 350
- チェーン 2列 796
- チェーン 796
- チェーン 703
- ストレート 1本 844
- ストレート 1本 844
- バック 1本 844
- バック 1本 844
- サテン 1本 844
- アウトライン 844
- チェーン 350
- アウトライン 844
- チェーン 3列 796
- チェーン 2列 796
- ストレート 844

※糸は指定以外2本どり／A4用紙に175％で拡大コピー

050

applique
クジラのアップリケ

2種類のクジラ。きょうだいやお友だちで
おそろいのお色違いなど、いかがでしょう。

size

※ 仕上がりサイズ＝11×7cm

material

※ フェルト表（白）＝15×12cm（各2枚）
※ フェルト裏 クジラA（青）＝15×12cm
※ フェルト裏 クジラB（グレー）＝15×12cm
※ 刺しゅう糸 クジラA（DMC25番）＝414番（グレー）／844番（チャコールグレー）
※ 刺しゅう糸 クジラB（DMC25番）＝807番（セルリアンブルー）／844番（チャコールグレー）

how to make　※工程2〜4はP45と共通

1. フェルト表に図案を写して、刺しゅうをする。
2. 表と裏のフェルトを型紙通りにカットする（※裏のフェルトは表より1cmほど大きくカット）。
3. 表裏のフェルトを重ねてミシンを端にかける。
4. 裏のフェルトをピンキングばさみでカットする（※表裏のフェルトにずれがでるため、ミシンをかけ終えてからまわりをカットすること）。

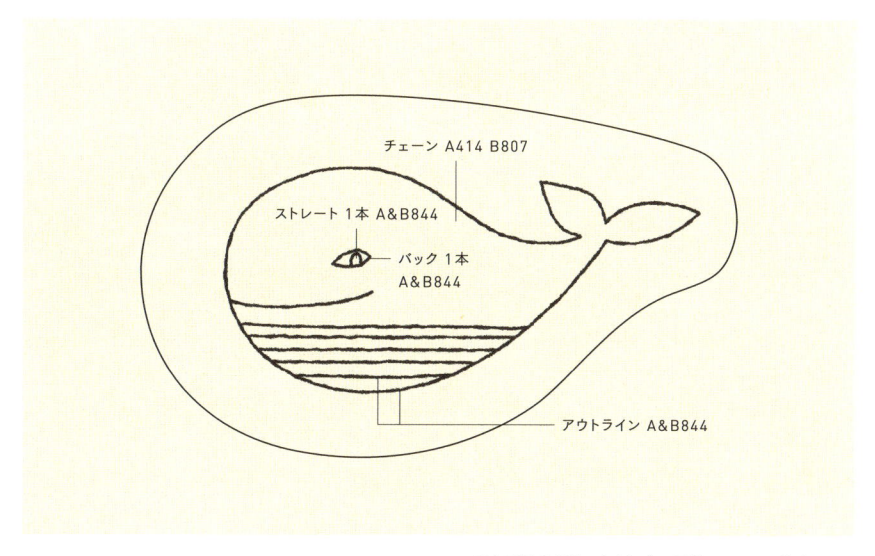

チェーン A414 B807
ストレート 1本 A&B844
バック 1本 A&B844
アウトライン A&B844

※糸は指定以外2本どり／A4用紙に125％で拡大コピー

052

applique
さかなのアップリケ

小さいアップリケで、フェルト1枚で仕上げるタイプです。
ワンポイントでも、たくさんの組み合わせでも。

053

size
- 仕上がりサイズ＝8×5cm

material
- フェルト さかなA（青）＝11×8cm
- フェルト さかなB（水色）＝11×8cm
- フェルト さかなC（モーブ）＝11×8cm
- 刺しゅう糸 さかなA（DMC25番）＝648番（ライトグレー）
- 刺しゅう糸 さかなB（DMC25番）＝742番（黄色）
- 刺しゅう糸 さかなC（DMC25番）＝350番（赤）

how to make
1. フェルト表に図案を写して、刺しゅうをする。
2. フェルトを型紙通りにピンキングばさみで円形にカットする。

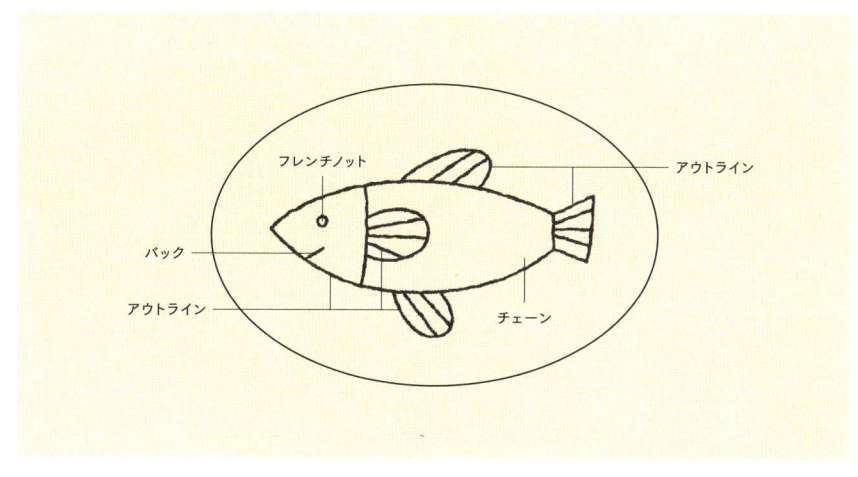

2

ピンキングばさみでカット

フレンチノット　アウトライン
バック
アウトライン　チェーン

※糸はすべて2本どり／色番号はmaterialを参照／A4用紙に125％で拡大コピー

column

コラム〈3〉
刺しゅうの魅力

日本にも和刺繡という素晴らしいジャンルがありますが、世界の刺しゅうの歴史をひもとくと古代文明、もしくはそれ以前までさかのぼることになります。
世界中の様々な地域、民族の中で発展してきた刺しゅうですが、現在私たちが一般的に親しんでいる刺しゅうは、フランス刺しゅうの流れにあるものですね。伝統的なイニシャルやモノグラムの刺しゅうが施されたリネン類は、ヨーロッパの手仕事の歴史と文化を感じられる美しいものだと思います。また東ヨーロッパやアジア、南アメリカなどの色鮮やかな刺しゅうで彩られた民族衣装や生活用品も、とても魅力的。どれにも共通しているのは、手仕事の豊かさ、力強さではないかと思うのです。
便利に早く、なんでも出来る、買える時代にあってなおのこと、時間を積み重ねてものを生み出す力、そうやって作られたものの持つ力を生活のなかに取り入れていきたいと、いつも思っています。

図案〈3〉アップリケの物語

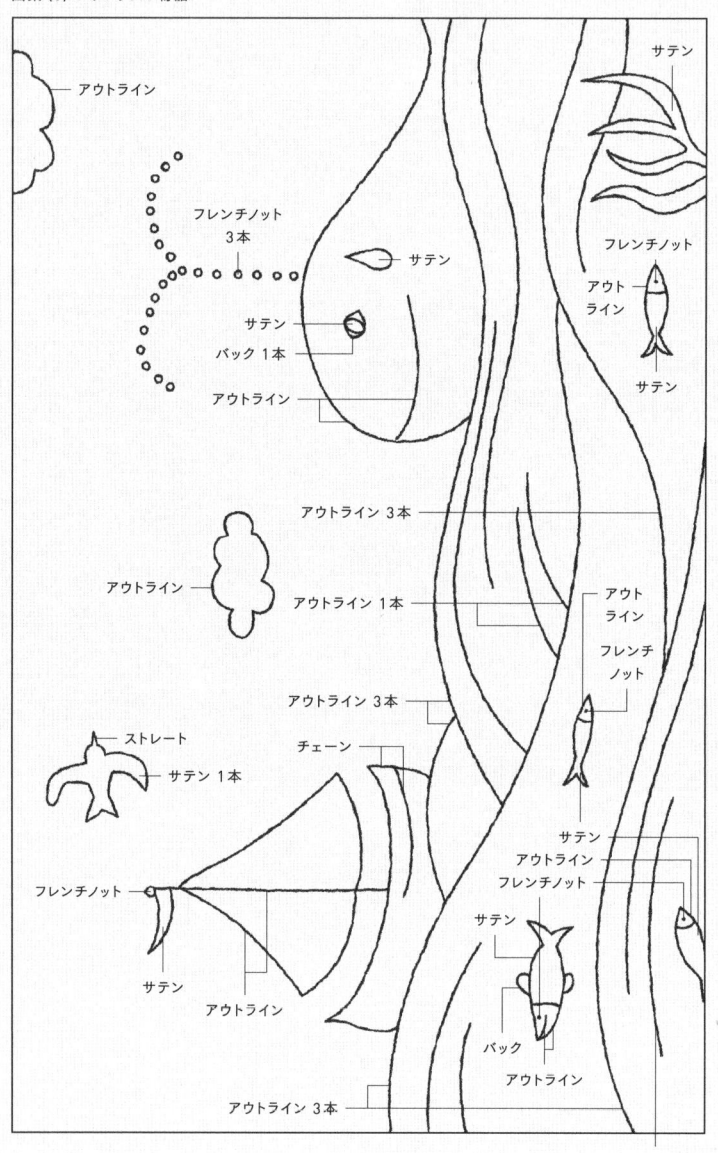

※刺しゅう糸（DMC25番）＝415番／糸は指定以外2本どり／波はすべてアウトラインステッチ／A3用紙に200％で拡大コピー

a story of mat

> マットの物語

She was traveling on a cloud.

She fell off the cloud because of lightning.

But a mat saved her.

062

luncheon mat

猫のランチョンマット

1枚で仕立てる額縁仕立てです。
ランチョンマットとしてだけではなく、
テーブルセンターとして使ってもお洒落です。

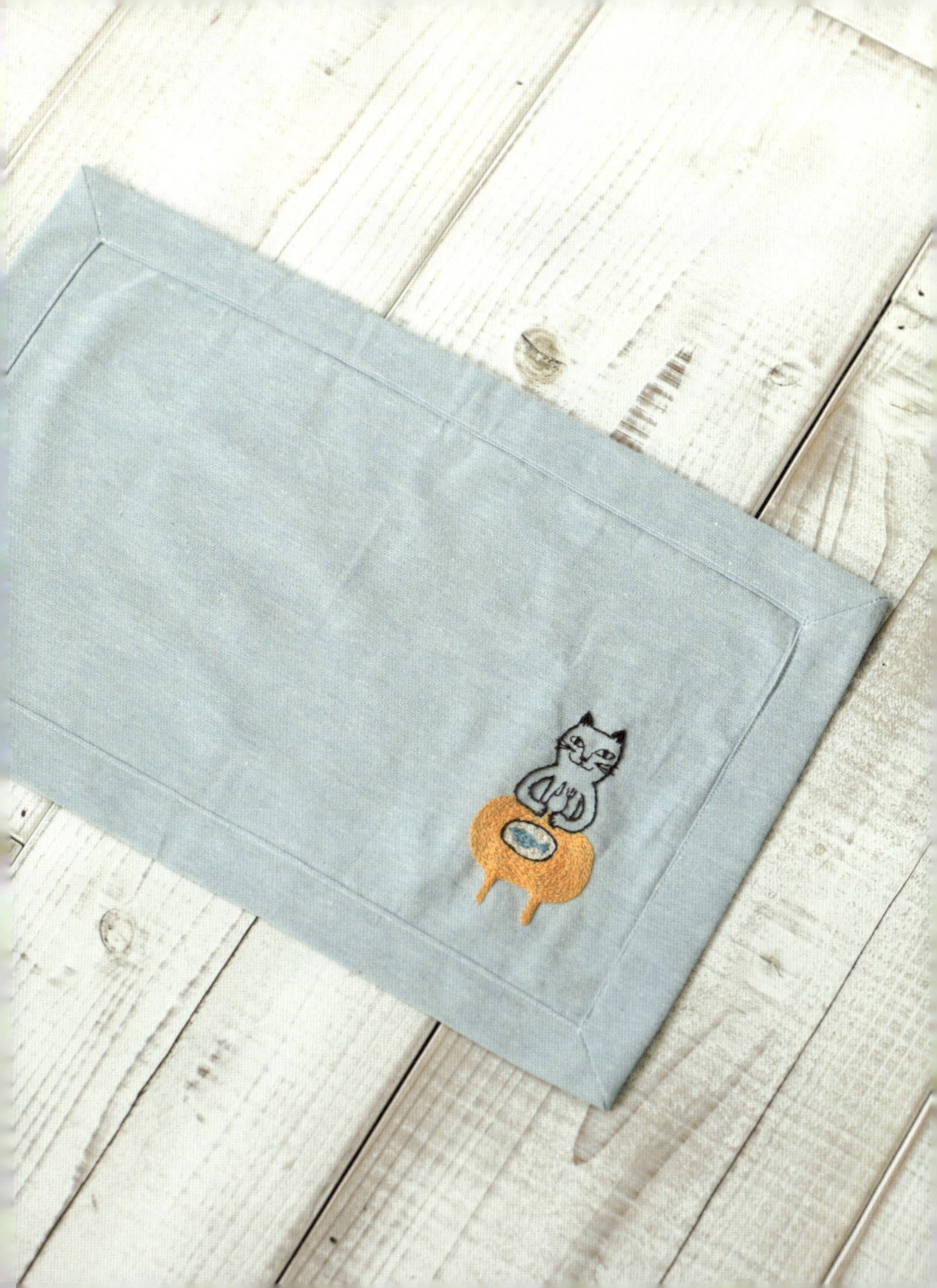

size
* 仕上がりサイズ＝40×25cm

material
* リネン（水色）＝110×40cm
* 刺しゅう糸（DMC25番）＝844番（チャコールグレー）／807番（セルリアンブルー）／742番（黄色）／ECRU（生成り）

how to make　※2枚の布で作る額縁仕立て

1. 四角の角がきれいな直角になるよう、布目を整えてアイロンをかける。
2. 包む布Aと中に入れる刺しゅうをした布Bの表に、それぞれの出来上がりサイズをチャコペンシルで書く。
布A＝周囲に折りしろ分の余裕をみる
布B＝2cmの縫いしろをつける
3. Aの折りしろを折り、まっすぐになるようにアイロンをかける（※厚紙などを間に入れるとよい）。
4. 出来上がりの角を45度に折る。折ったところから、直角になるように線を引きミシンをかける。
5. ミシン線から3〜4mmを残し、余分をカットする。
6. 縫いしろを割り、アイロンをかける。
7. 表に引っくり返す（※ピンセットなどを使うと角がきれいに出る）。
8. 他の角も同様に仕上げ、出来上がり線で折ってアイロンで整える。
9. 中にBを入れ、Bと額縁の生地を固定し、折り端にミシンをかける。

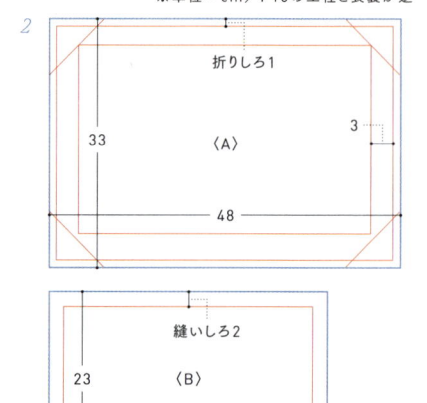

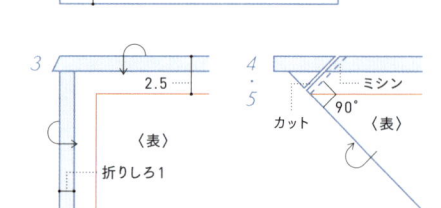

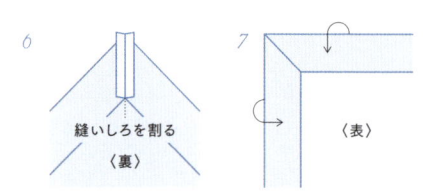

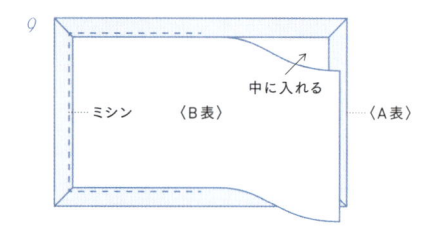

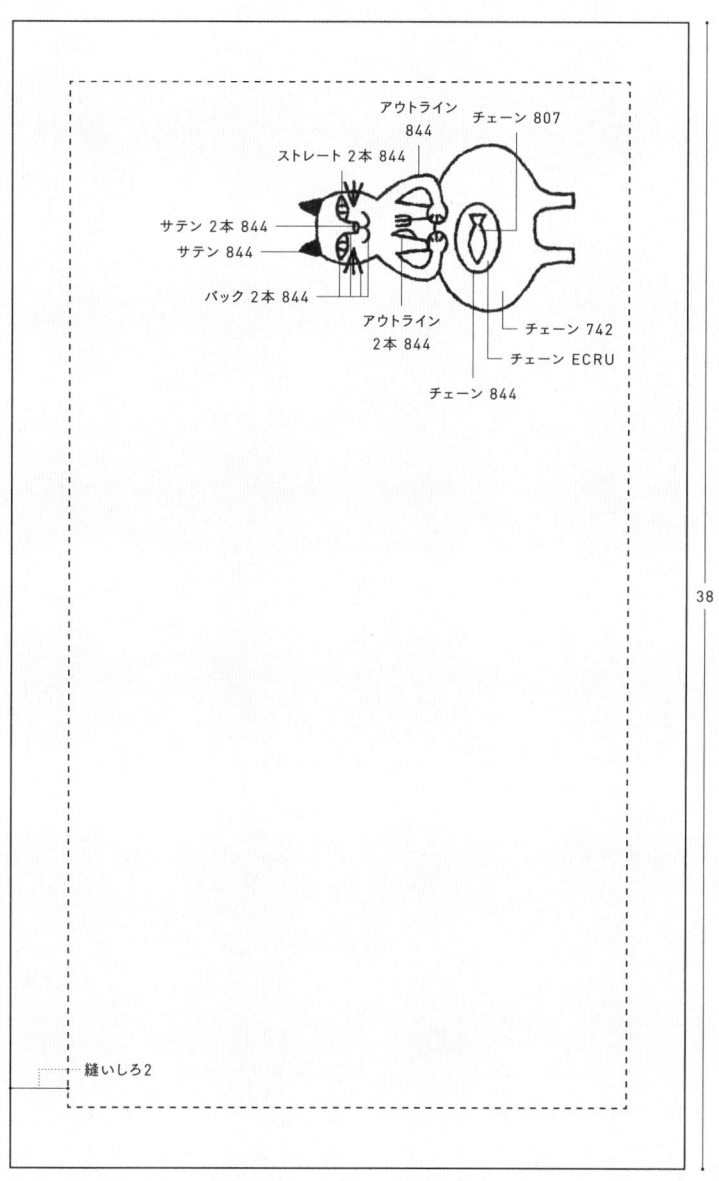

アウトライン 844
チェーン 807
ストレート 2本 844
サテン 2本 844
サテン 844
バック 2本 844
アウトライン 2本 844
チェーン 742
チェーン ECRU
チェーン 844

縫いしろ2

23

38

※単位＝cm／糸は指定以外3本どり／A3用紙に250％で拡大コピー

066

patchwork mat
パッチワークマット

大きなピースをざくざくミシンで繋げていくだけの、
とっても手軽なパッチワークです。
羽ばたく鳥のイメージを、野原や空の色でまとめてみました。

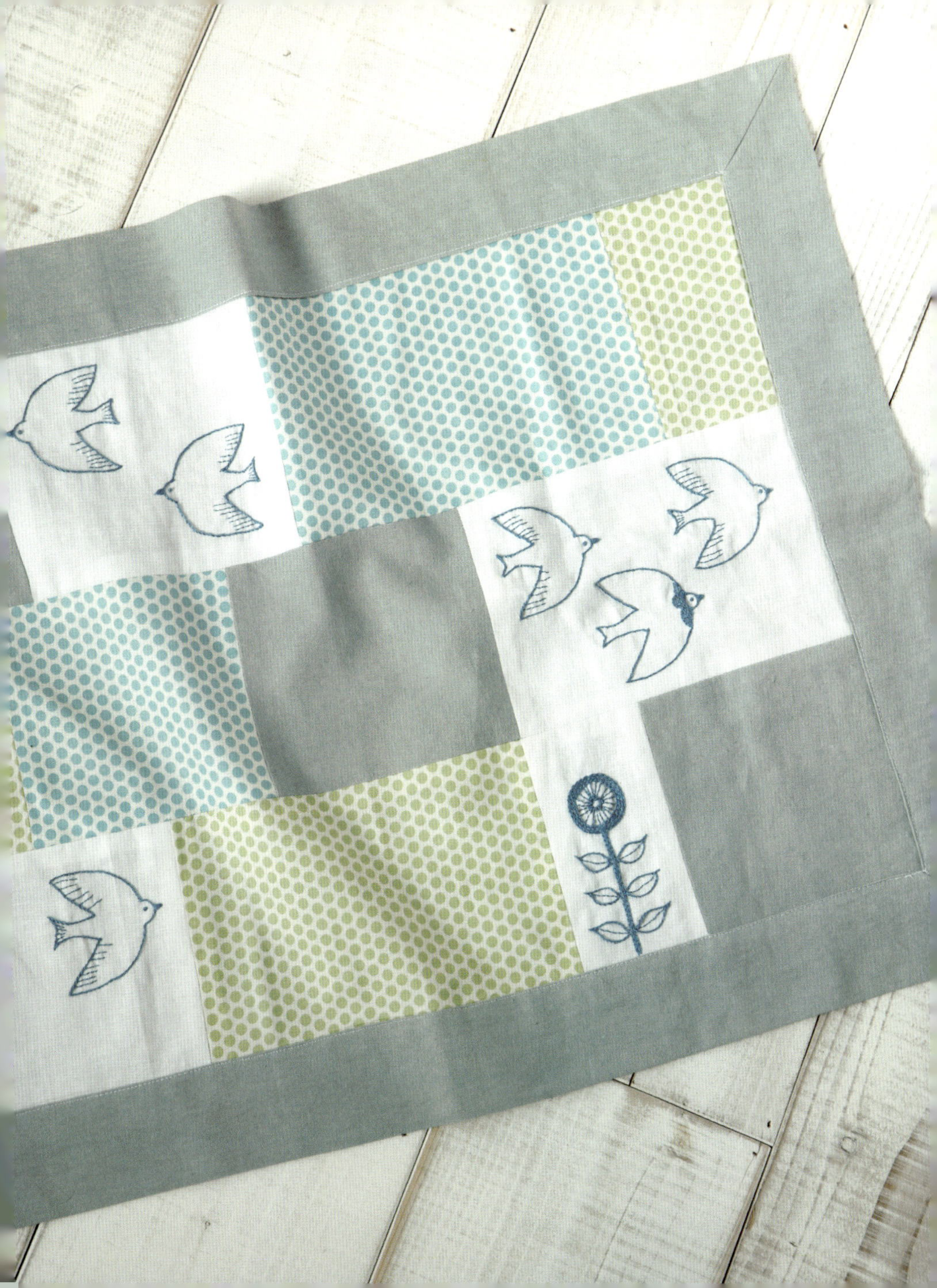

※単位＝cm

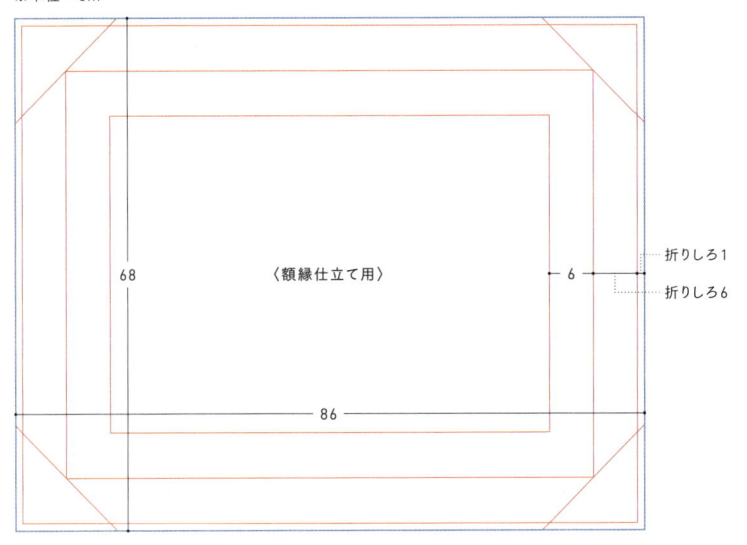

〈額縁仕立て用〉
68
86
6
折りしろ1
折りしろ6

※全体の配置図／各パーツに縫いしろを1cmつける

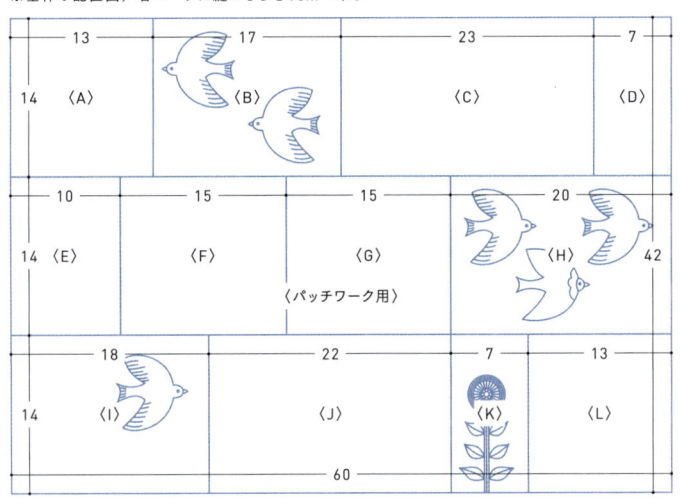

〈パッチワーク用〉

13	17	23	7
14 〈A〉	〈B〉	〈C〉	〈D〉
10	15	15	20
14 〈E〉	〈F〉	〈G〉	〈H〉 42
18	22	7	13
14 〈I〉	〈J〉	〈K〉	〈L〉

60

A. コットンリネン（水色）13×14cm
B. リネン（白）17×14cm／鳥aを2羽刺しゅう
C. コットン（水色水玉）23×14cm
D. コットン（若草色水玉）7×14cm
E. コットン（若草色水玉）10×14cm
F. コットン（水色水玉）15×14cm
G. コットンリネン（水色）15×14cm
H. リネン（白）20×14cm／
　 鳥aを2羽・鳥bを1羽刺しゅう
I. リネン（白）18×14cm／鳥aを1羽刺しゅう
J. コットン（若草色水玉）22×14cm
K. リネン（白）7×14cm／花を1輪刺しゅう
L. コットンリネン（水色）13×14cm

size

※ 仕上がりサイズ＝72×54cm

material

※ コットンリネン（水色）＝110×100cm
※ リネン（白）＝70×20cm
※ コットン（水色水玉）＝60×20cm
※ コットン（若草色水玉）＝60×20cm
※ 刺しゅう糸（DMC25番）＝807番（セルリアンブルー）

how to make

〈パッチワーク〉

1. 図の寸法を取り、縫いしろをつけて各パーツを裁断する。
2. 3段のパッチワークになっているので、まず1段ずつミシンで布パーツを縫って繋げていく。
3. 3段出来上がったら、それぞれをミシンでつなげて縫う。折り端にミシンをかける。縫いしろを割ってアイロンをかけ、指定の場所に図案を写し、刺しゅうをする。

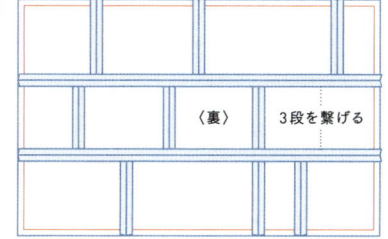

〈額縁仕立て〉　※工程3〜8はP15を参照

1. 四角の角がきれいな直角になるように布目を整えてアイロンをかける。
2. 折りしろをとって布を裁断する。
3. 包む布の折りしろを折り、まっすぐになるようにアイロンをかける（※厚紙などを間に入れるとよい）。
4. 出来上がりの角を45度に折る。
5. 折ったところから、直角になるように線を引きミシンをかける。
6. ミシン線から3〜4mmを残し、余分をカットする。
7. 縫いしろを割り、アイロンをかける。
8. 表に引っくり返す（※ピンセットなどを使うと角がきれいに出る）。他の角も同様に仕上げ、出来上がり線で折り、アイロンで整える。
9. 中に刺しゅうをした布を入れ、中の生地と額縁の生地を固定し、折り端にミシンをかける。

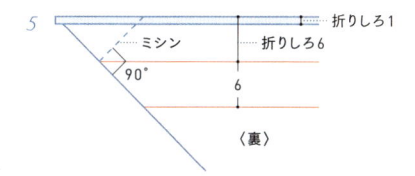

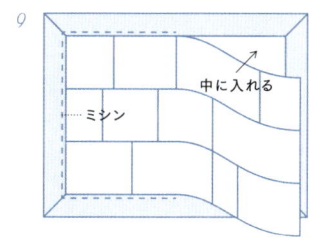

070

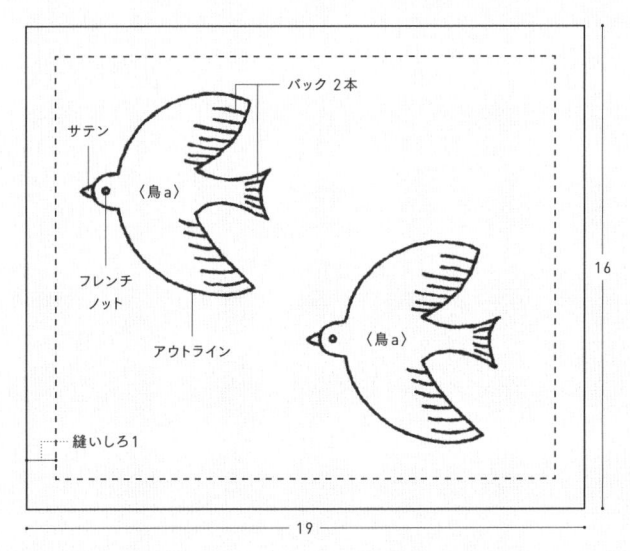

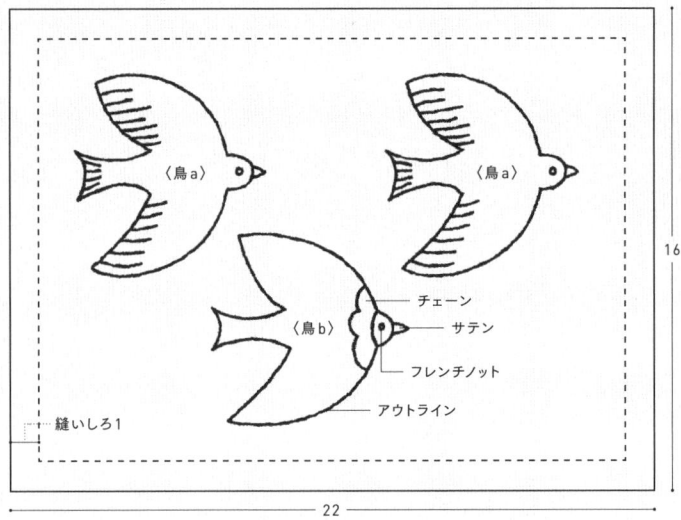

※単位＝cm／糸は指定以外3本どり／色番号はP69のmaterialを参照／A3用紙に250％で拡大コピー

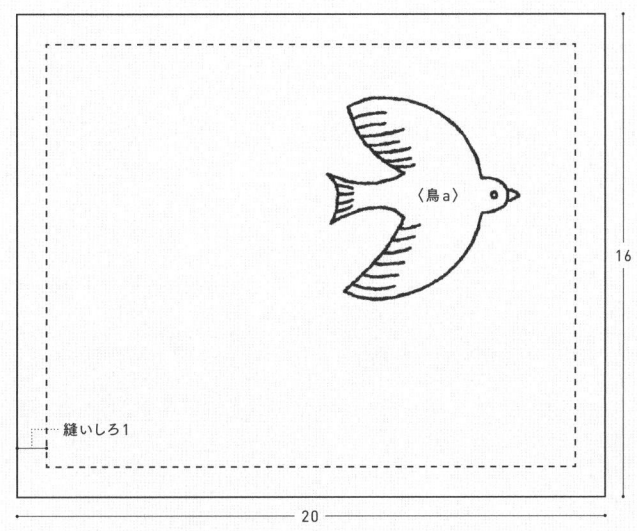

071

〈鳥a〉

縫いしろ1

16

20

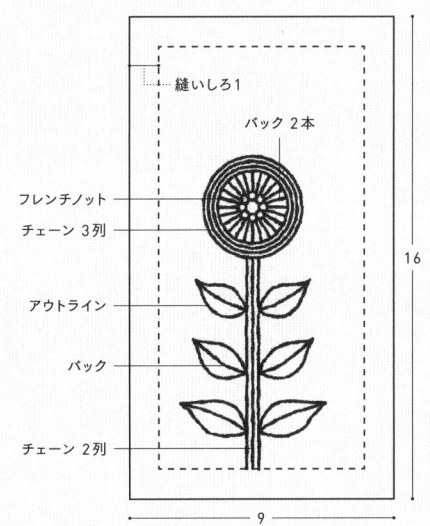

縫いしろ1

バック 2本
フレンチノット
チェーン 3列
アウトライン
バック
チェーン 2列

16

9

※単位＝cm／糸は指定以外3本どり／色番号はP69のmaterialを参照／A3用紙に250%で拡大コピー

column

コラム〈4〉
布の楽しさ

布のお店を運営している事もあり、日々いろいろな布を見たり手にとったりしています。
布で一番こだわるところと言えば、風合い、質感でしょうか。糸の太さが均一ではなく織りに表情が出ているものや、リネンならばちょっと固いがさりとした質感、ウールならば滑るようななめらかさや、ふうわりとした感触など、肌で感じる布の持ち味に惹かれます。質感が違えば、同じ色でも印象は全く違うもの。そうやって選んだ布たちが、使われること、お洗濯を重ねることで、柔らかさを増し表情を変えていく過程も、布好きにはたまらない楽しみです。
刺しゅうがしやすいという点からいえば、あまり風合いに特徴のあるものは難しいかもしれません。最初はシーチングやブロードのような平織りのコットンからはじめるのがいいと思いますが、慣れてきたら好きな布にチャレンジしていただきたいなと思います。刺しゅうをきっかけに、いろいろな布の特徴を知り、布の楽しさを味わっていただければと思っています。

図案〈4〉マットの物語

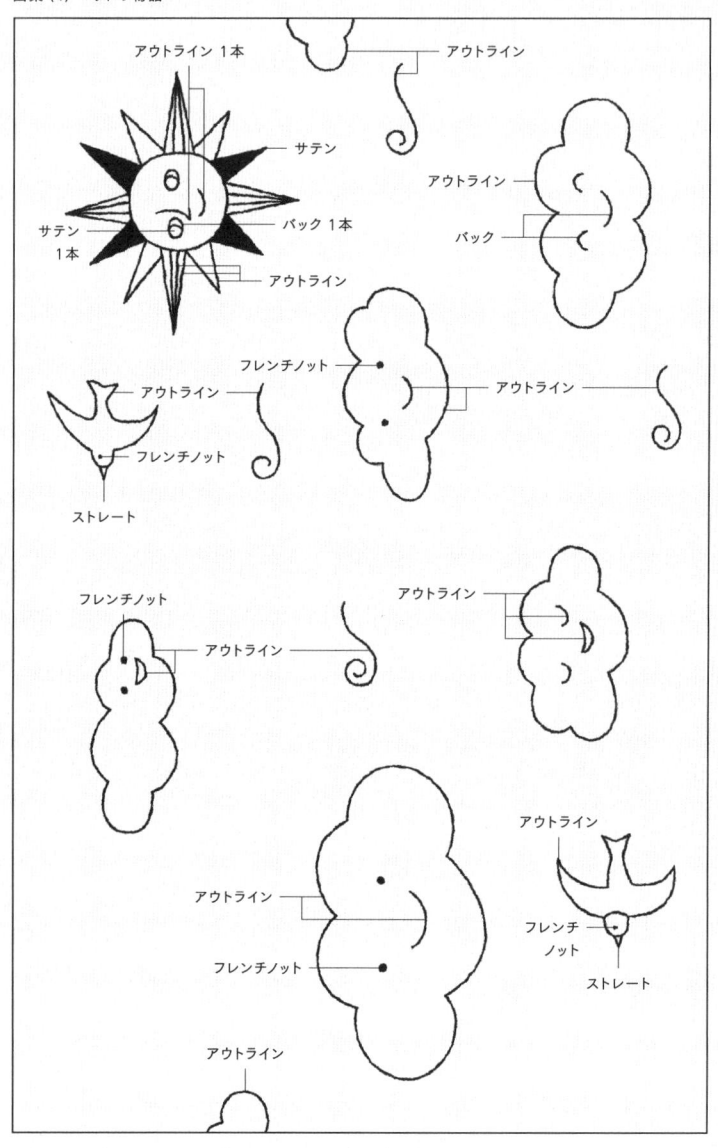

※刺しゅう糸（DMC25番）＝761番／糸は指定以外2本どり／A3用紙に200%で拡大コピー

a story of *triangle bag*

> 三角バッグの物語

*Candies began falling
from the sky in the rain.*

She traded her umbrella for cat's bag.

She took many candies at home.

o80

triangle bag
キャンディの三角バッグ

リネンのキャンバスを使ったしっかりとしたバッグです。
深みのあるイエローに、
ころんとした英文字とキャンディーが映えます。

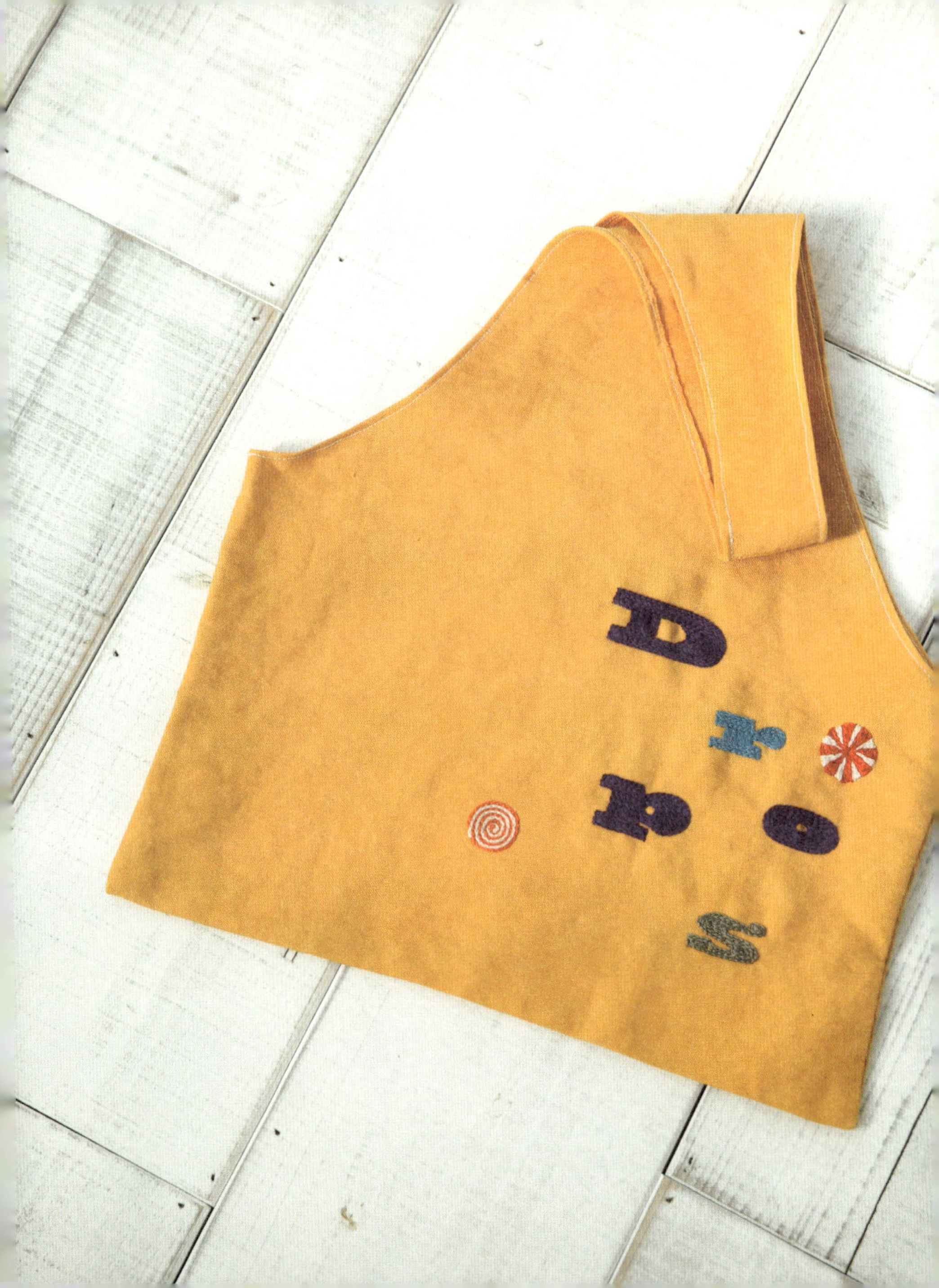
Drops

size

※ 仕上がりサイズ＝38×55cm

material

※ リネン 帆布（黄色）＝120×50cm
※ 刺しゅう糸（DMC25番）＝550番（パープル）／807番（セルリアンブルー）／645番（グレー）／349番（朱色）／ECRU（生成り）

how to make

1. パターンを指定通り拡大して、布にチャコペンで印をつけ裁断する（※縫いしろ1cm）。
2. 縫いしろの縁にロックミシンをかける（※ロックミシンがない場合はジグザグミシン）。
3. 図案を写し、刺しゅうをする。
4. 持ち手のつなぎ目部分と脇を縫って、縫いしろをアイロンで割る。
5. 持ち手のまわり部分の出来上がり線に合わせて縫いしろを折り込み、アイロンをかけ、端をミシンで縫う。

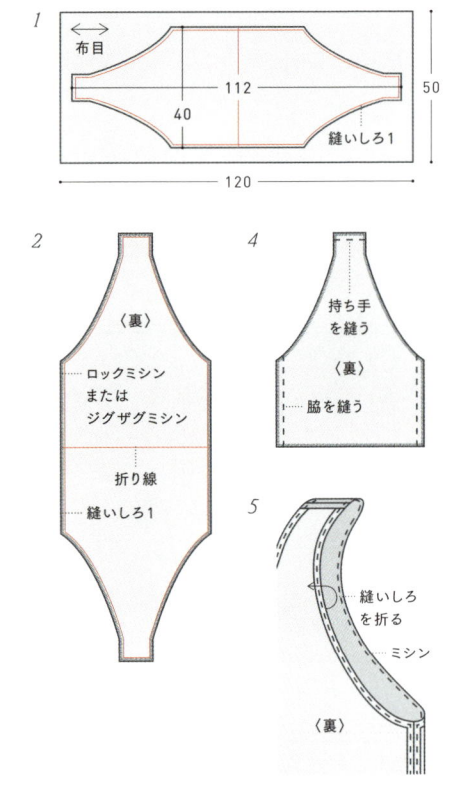

チェーン 550

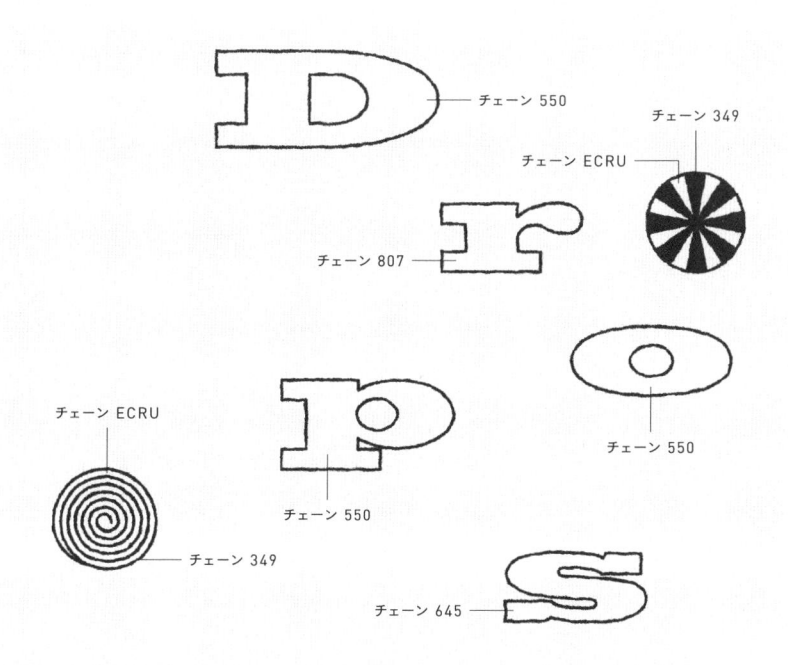

チェーン 349

チェーン ECRU

チェーン 807

チェーン ECRU

チェーン 550

チェーン 349

チェーン 550

チェーン 645

※糸はすべて3本どり／A3用紙に200％で拡大コピー（型紙P116）

triangle bag
花と蝶の三角バッグ

キャンディと同じパターンですが、色合いが変わると
全く別の印象になります。お色は麻色ベージュと黒の
シックな組み合わせ。大人っぽい仕上がりです。

size

※ 仕上がりサイズ＝38×55cm

material

※ リネン 表布（生成り）＝120×50cm
※ リネン 裏布（黒）＝120×50cm
※ 接着芯＝10×5cm
※ 刺しゅう糸（DMC25番）＝310番（黒）

how to make

1. パターンを指定通り拡大して、表布と裏布それぞれにチャコペンシルで印をつけ裁断する（※縫いしろ1.5cm）。
2. 表布に図案を写し、刺しゅうをする。
3. 表布・裏布ともに中表に合わせて、脇と持ち手のつなぎ目部分を縫って、縫いしろをアイロンで割る。裏布の持ち手の部分に接着芯を貼る。
4. 表布・裏布ともに、持ち手のまわり部分に切り込みを入れ、出来上がりに折ってアイロンをかける。
5. 表布と裏布を外表に合わせてまつる。

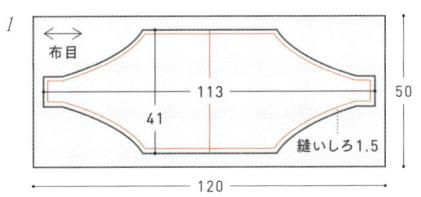

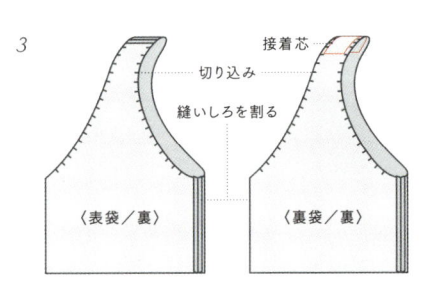

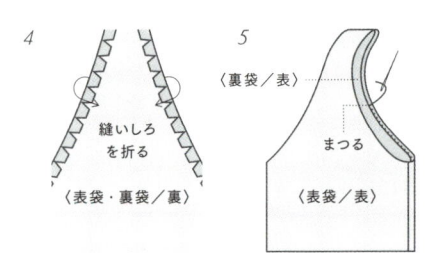

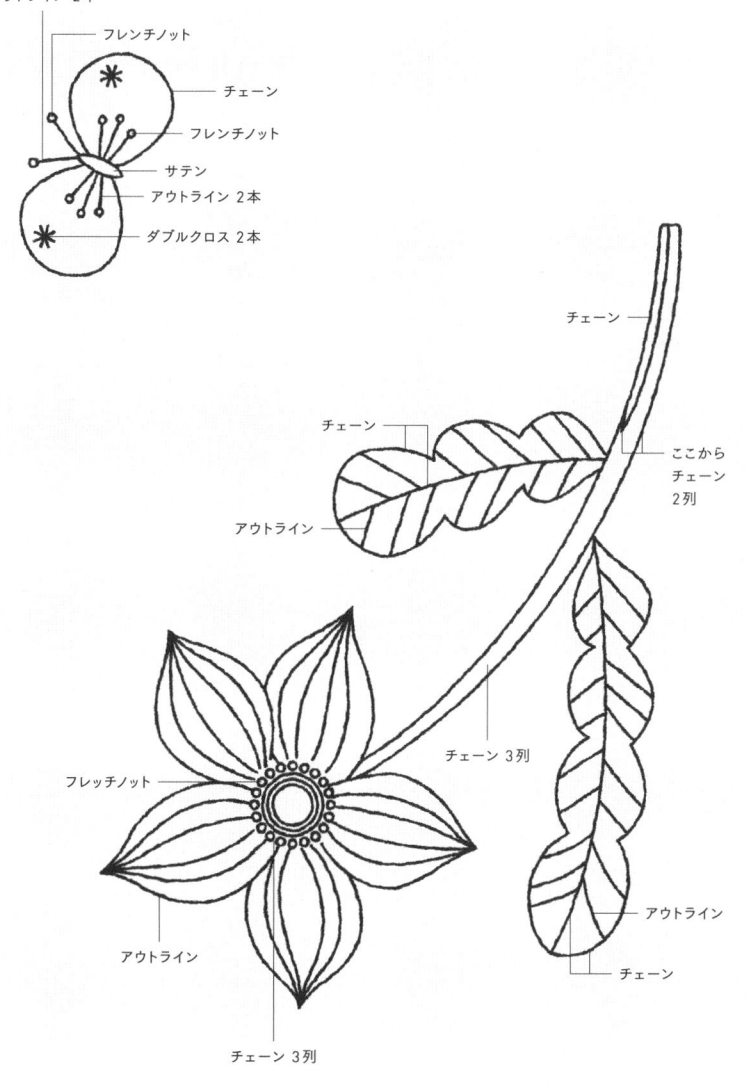

アウトライン 2本
フレンチノット
チェーン
フレンチノット
サテン
アウトライン 2本
ダブルクロス 2本

チェーン
チェーン
ここからチェーン2列
アウトライン

フレッチノット
チェーン 3列
アウトライン
アウトライン
チェーン
チェーン 3列

※糸は指定以外3本どり／色番号はP86のmaterialを参照／A3用紙に225%で拡大コピー（型紙P117）

column

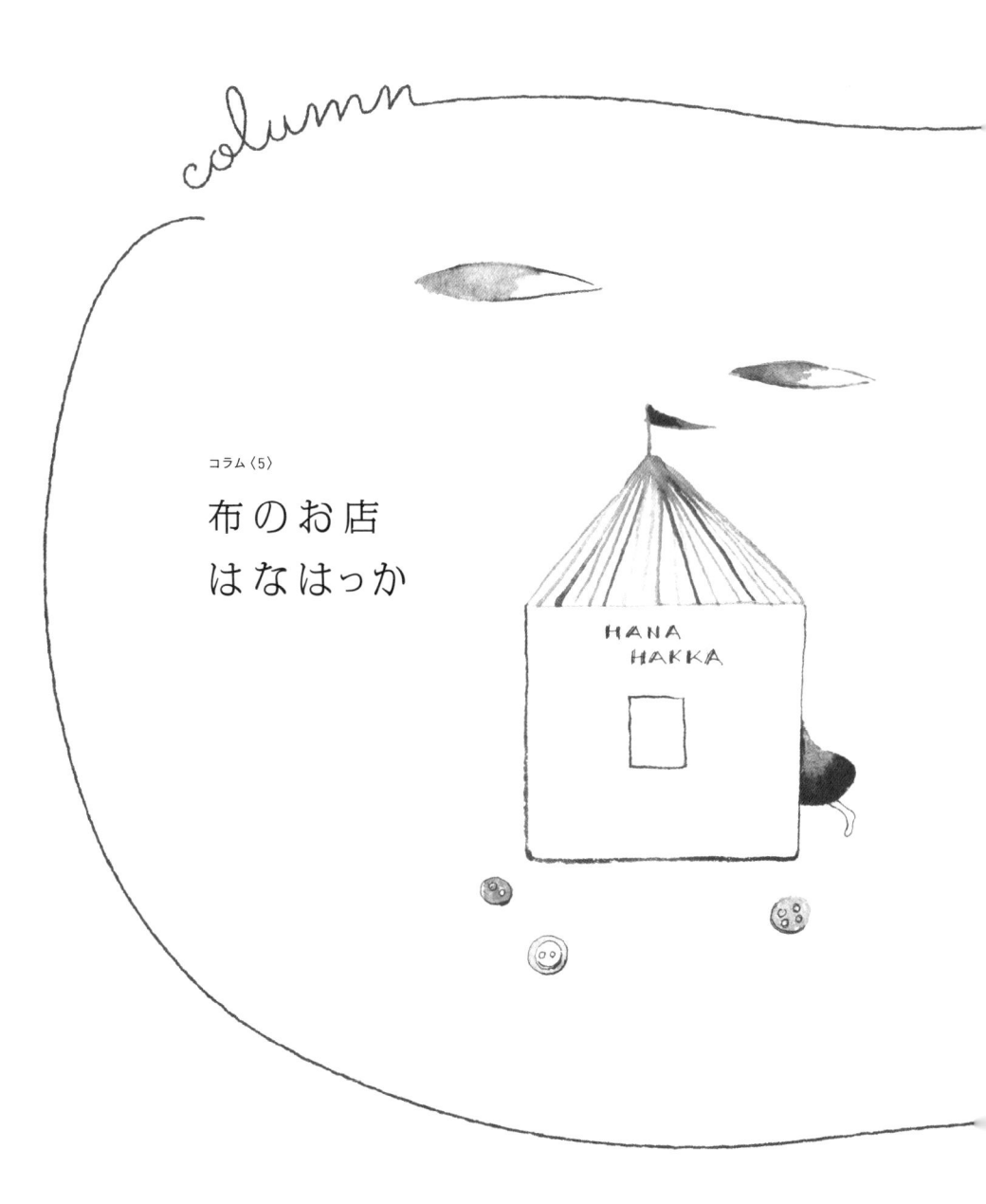

コラム〈5〉

布のお店
はなはっか

「布のお店 はなはっか」は、コットン、リネン、ウールなどの天然素材の布を中心に、ボタン・刺しゅう図案・型紙などを販売している、小さな小さなネットショップです。まだ子どもたちが小さかった頃、友人との「何か出来ないかしらね？」という何気ない会話からスタートしました。もともと大の布好きで、たくさん布を買い込んでは暇を見つけていろいろ作っていましたが、今度は布を提供する側になって、新たな発見や出会いもありました。刺しゅうの仕事をするきっかけも、はなはっかの商品作りが発端です。気がつけばオープンから10年。良い時もそうでない時も、こつこつ地道に続けることの大切さを実感しています。はなはっかの商品の特徴は、ちょっと個性的、ありそうでなかなか見つけられないもの。これからも見ていてわくわくするようなお店、みなさんのソーイングのイメージを膨らませられるようなお店を目指し、11年目のスタートを切りたいと思っています。

図案〈5〉三角バッグの物語

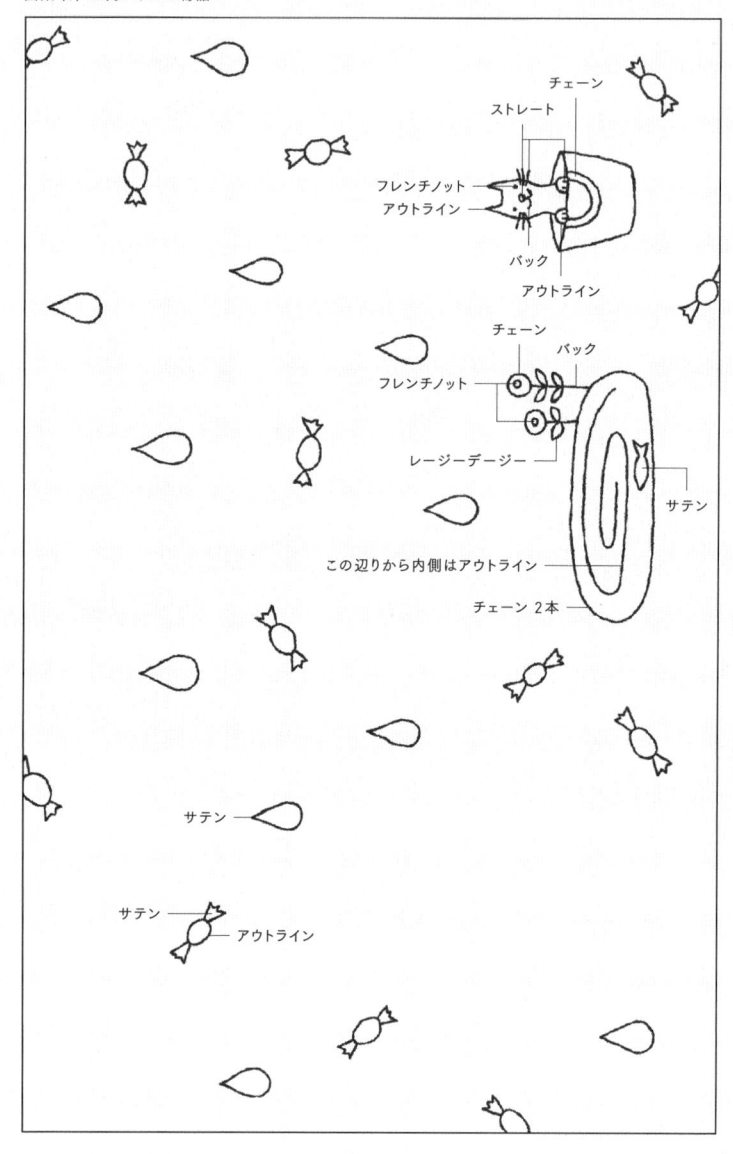

チェーン
ストレート
フレンチノット
アウトライン
バック
アウトライン

チェーン
バック
フレンチノット
レージーデージー
サテン
この辺りから内側はアウトライン
チェーン 2本

サテン

サテン
アウトライン

※刺しゅう糸（DMC25番）＝3810番／糸は指定以外1本どり／A3用紙に200％に拡大コピー

a story of **tote bag**

> トートバッグの物語

*Many stars were shining
brightly in the sky.*

They wished on stars.

Their wishes came true.

096

tote bag

動物音楽隊のバッグ

3匹が奏でる賑やかな音楽が聞こえてきそうな、
絵本のように楽しいバッグです。

〈裏面〉

size

※ 仕上がりサイズ＝31×38cm

material

※ リネン 表布（グレイッシュベージュ）＝90×80cm
※ コットン 裏布（花柄プリント）＝50×75cm
※ 接着芯＝40×60cm
※ 刺しゅう糸（DMC25番）＝356番（レンガ色）／453番（ライトグレー）／3854番（黄色）／720番（オレンジ）／844番（チャコールグレー）／632番（ブラウン）／3810番（マリンブルー）／ECRU（生成り）

how to make

1. 表布と裏布、持ち手それぞれにチャコペンシルで印をつけ裁断する（※縫いしろ1.5cm／持ち手には、裏に接着芯を貼っておく）。
2. 表布に図案を写し、刺しゅうをする。
3. 表布、裏布ともに両脇を縫う（※裏の袋は返し口を残して縫う）。
4. 持ち手を縫い表に返し、本体の表袋の指定の位置にミシンで仮止めする。
5. 表袋と裏袋を中表に合わせて、口を縫い合わせる。
6. 返し口から全体を表に返す。
7. 返し口をミシンで縫う（※手でまつってもよい）。

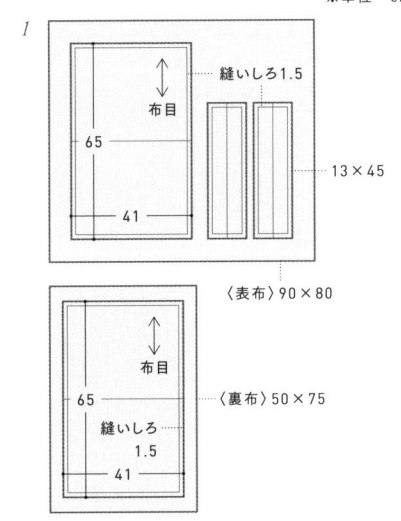

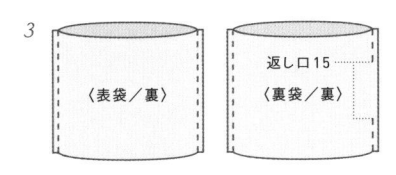

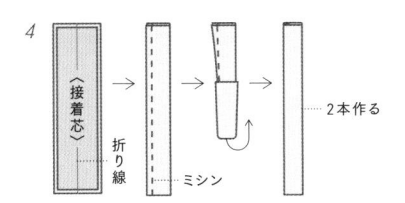

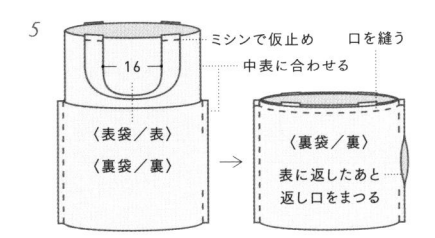

099

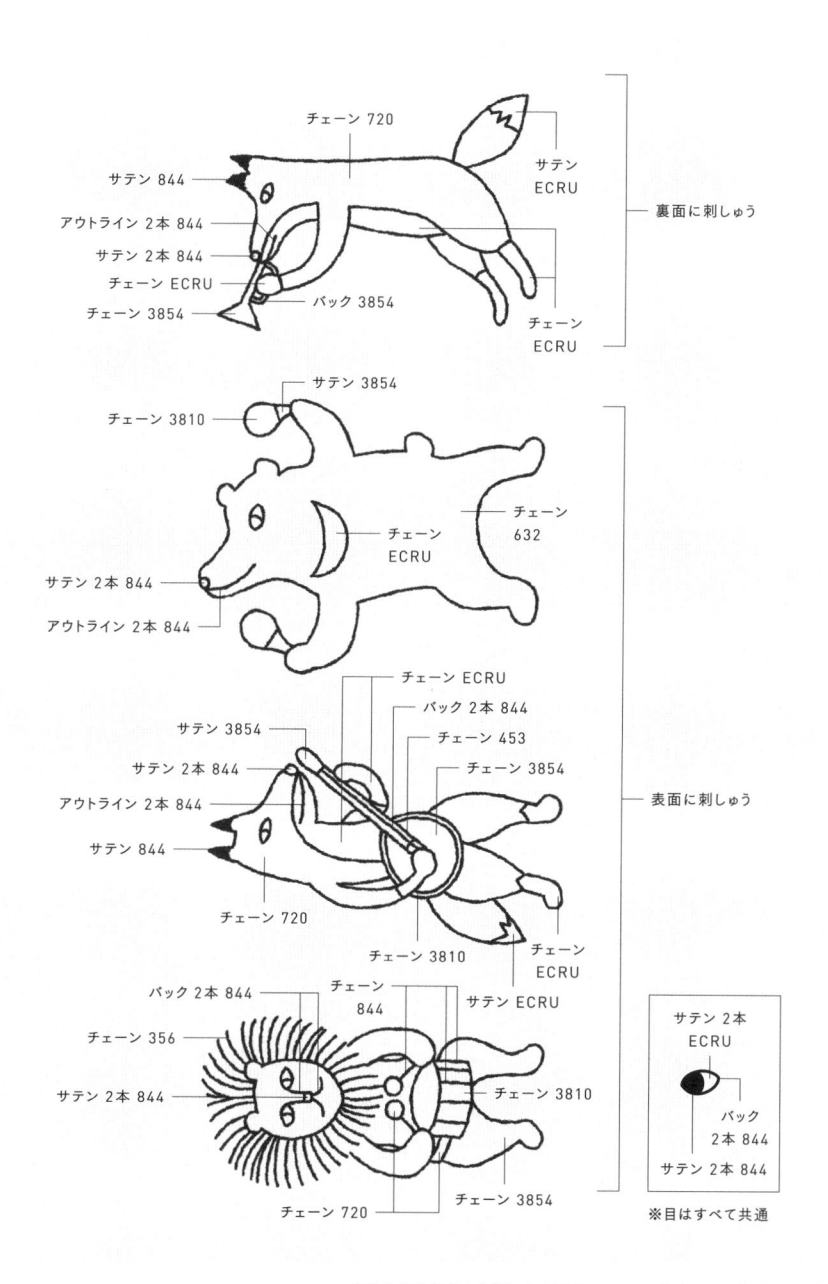

チェーン 720
サテン 844
アウトライン 2本 844
サテン 2本 844
チェーン ECRU
チェーン 3854
バック 3854
サテン ECRU
チェーン ECRU

裏面に刺しゅう

チェーン 3810
サテン 3854
チェーン ECRU
チェーン 632
サテン 2本 844
アウトライン 2本 844

チェーン ECRU
バック 2本 844
チェーン 453
サテン 3854
チェーン 3854
サテン 2本 844
アウトライン 2本 844
サテン 844
チェーン 720
チェーン 3810
サテン ECRU
チェーン ECRU

表面に刺しゅう

バック 2本 844
チェーン 356
サテン 2本 844
チェーン 844
サテン ECRU
チェーン 3810
チェーン 720
チェーン 3854

サテン 2本 ECRU
バック 2本 844
サテン 2本 844

※目はすべて共通

※糸は指定以外3本どり／A3用紙に200%で拡大コピー（型紙P118）

100

tote bag
天体のバッグ

地球をイメージした天体を
シンプルに2色で刺しゅうしました。
ちょっとしたお出かけに重宝なミニサイズです。

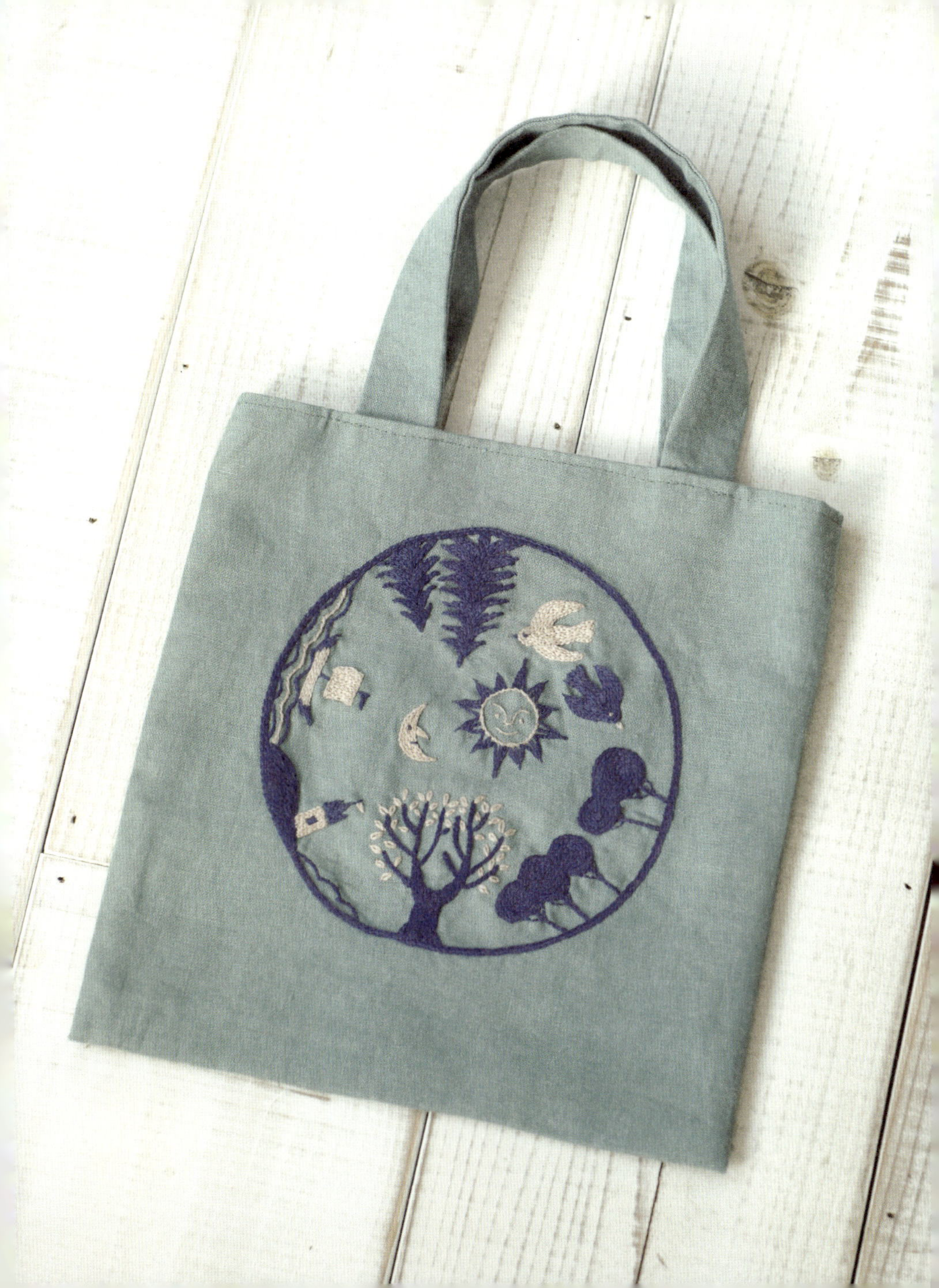

size
※ 仕上がりサイズ＝27×28cm

material
※ リネン 表布（水色）＝65×70cm
※ コットン 裏布（水玉）＝40×70cm
※ 接着芯＝65×70cm
※ 刺しゅう糸（DMC25番）＝796番（青）／648番（ライトグレー）

how to make ※工程4〜7はP98を参照

1. 表布と裏布、持ち手それぞれにチャコペンシルで印をつけ裁断する（※縫いしろ1.5cm／持ち手には、裏に接着芯を貼っておく）。
2. 表布に図案を写し、刺しゅうをする。
3. 表布の裏全面に接着芯を貼る。
4. 表布・裏布共に両脇を縫う（※裏の袋は返し口を残して縫う）。
5. 持ち手を縫い表に返し、本体の表布の指定の位置にミシンで仮止めする。
6. 表布と裏布を中表に合わせて、口を縫い合わせる。
7. 返し口から全体を表に返す。
8. 口のまわりにステッチをかける。
9. 返し口をミシンで縫う（※手でまつってもよい）。

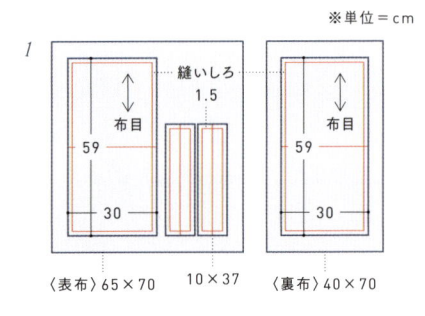

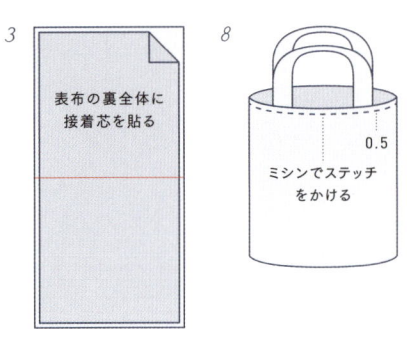

※単位＝cm

1

縫いしろ 1.5
布目
59
30
〈表布〉65×70
10×37
布目
59
30
〈裏布〉40×70

3
表布の裏全体に接着芯を貼る

8
0.5
ミシンでステッチをかける

103

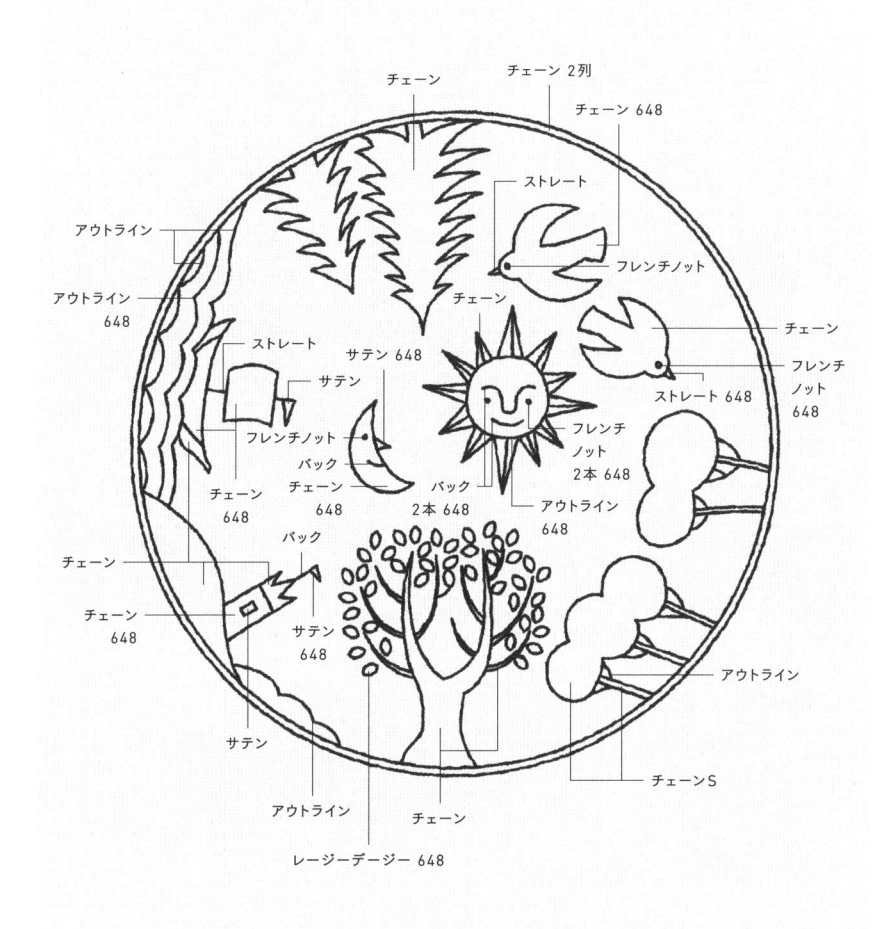

※糸は指定以外3本どり／色番号は指定以外796番／A4用紙に200%で拡大コピー（型紙P120）

column

コラム〈6〉

祖母との日々

小さい頃、祖母と一緒に暮らしていた時期がありました。大正生まれの祖母の暮らしは、ご飯をおひつに保存し、着古した着物を寝具や生活雑貨に作りかえるといったまだまだ昔気質のものでした。
和食はともかく、洋食の料理がちょっと苦手だった祖母。頑張って作ってくれたハンバーグは卵がたくさん入って蒸してあるので妙に白っぽく、子供ながらにこれはハンバーグではないなあ……と思ったものです。けれどいつも一生懸命な祖母の手前、美味しい！美味しい！と、頑張って食べていたことなど懐かしい思い出です。食事の支度の合間などに、かぎ針編み、棒針編み、縫い物などを教えてくれたのも祖母でした。
祖母は和裁が上手でしたが、母は洋裁派。発表会のワンピースや学校用の小物などを縫ってくれたことや、当時流行っていた機械編みで座布団カバーなどをたくさん作っていたことを思い出します。私が今、布を扱ったり、刺しゅうをしたりしているのも、さかのぼれば祖母や母との日々があるからこそ、なのかもしれません。

図案〈6〉トートバッグの物語

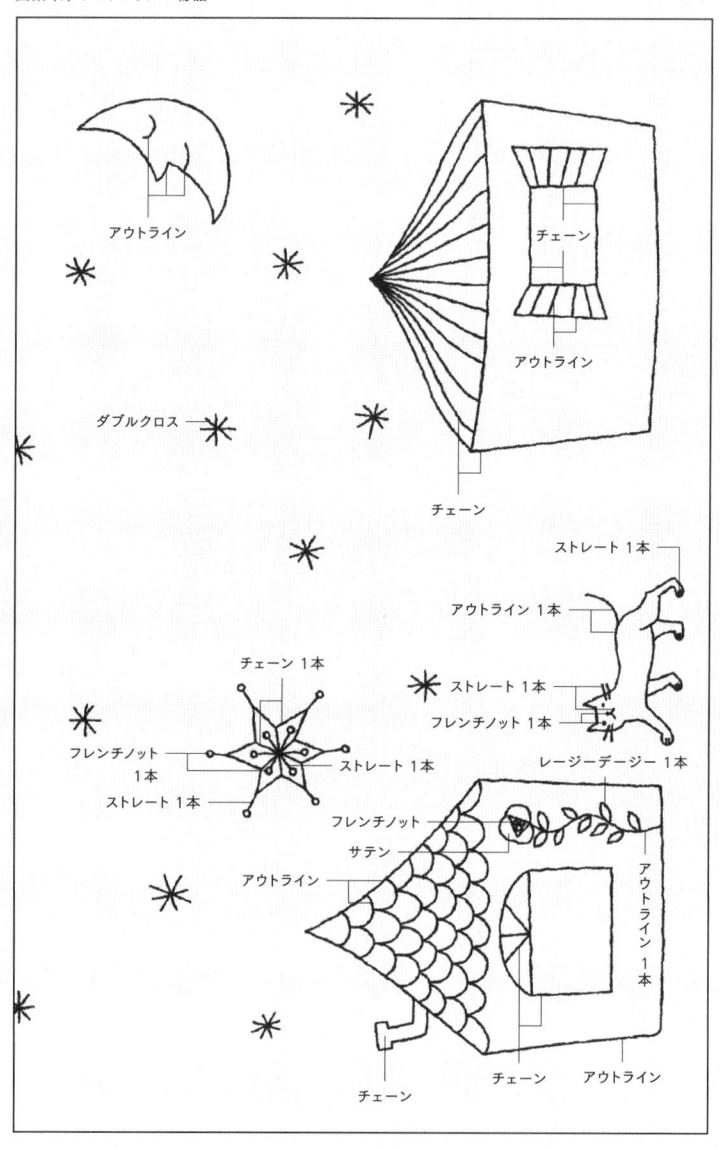

※刺しゅう糸（DMC25番）＝726番／糸は指定以外2本どり／A3用紙に200％で拡大コピー

tool & material

basic technique

illustration

pattern

tool & material > 道具と材料

チョークペーパー
図案を布に写す際に使う複写紙。布の色によってチョークペーパーの色も使い分けて。

トレーシングペーパー
図案を写すための半透明の紙。本の図案をいったんトレースして、それを布に転写します。

セロハン
チョークペーパーを使う時、トレーシングペーパーを保護するために使います。

トレーサー
図案をなぞって布に転写するために使います。ボールペンでも代用できます。

裁ちばさみ
布専用のはさみ。使いやすい重みや癖があります。研ぎに出すなどメンテナンスも大事。

ピンキングばさみ
布がジグザグに切れる楽しいはさみ。手元にあると表現の幅が広がります。

刺しゅう枠
布がつれないようにピンと張って使います。サイズもいろいろあります。

糸切りばさみ
なくてはならないはさみ。可愛いデザインのものもあり、ついつい集めてしまいます。

針
糸の本数によって針の号数が決まります。この本では、4号、5号を使いました。

ピンセット
布の角をきれいに出したい時に使うほか、細かい糸を抜いたりする際にも活躍します。

刺しゅう糸
太さで番手が変わります。この本では一般的な25番の刺しゅう糸を使いました。

ブローチピン
ブローチ用のピンです。作品サイズに合わせて大きさを選びます。

basic technique > 基本的技法

バック・ステッチ

一度後ろに戻ってから針を出して刺していくステッチ。輪郭や線を表現する時に使う。

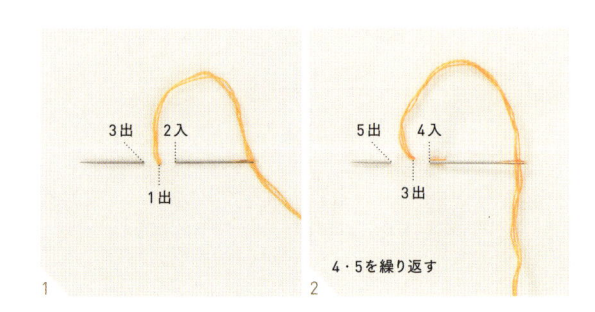

アウトライン・ステッチ

輪郭を表わす時に使うステッチ。重なりが少ないと細い線に、多いと太い線になる。

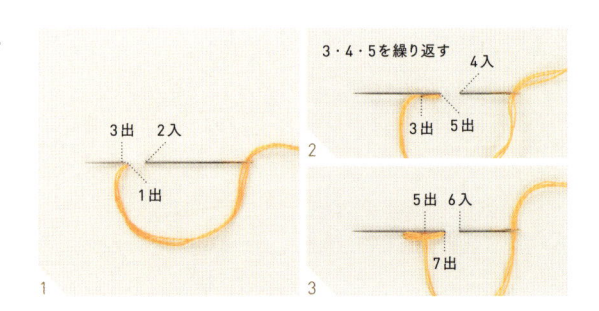

ストレート・ステッチ

まっすぐな線のように刺すステッチ。

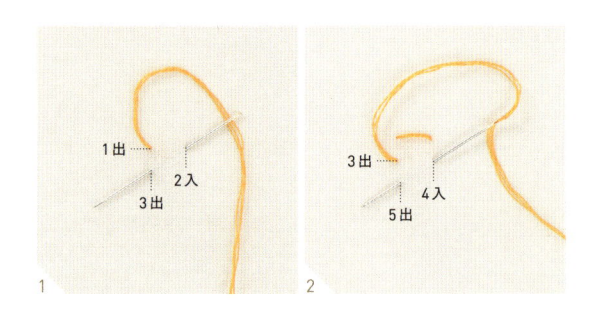

ダブルクロス・ステッチ

クロス・ステッチにさらにクロスを重ねたステッチ。

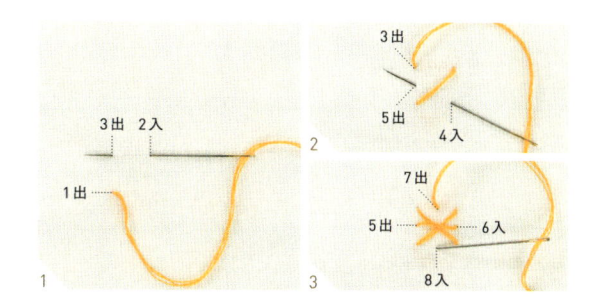

チェーン・ステッチ

鎖のような形のステッチ。輪郭線のほか、面をうめる時にも使う。

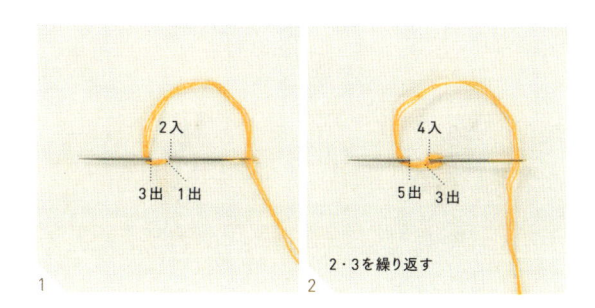

2・3を繰り返す

レージーデージー・ステッチ

花びらや葉などによく使う可愛らしいステッチ。糸を引きすぎずふっくらした形に刺す。

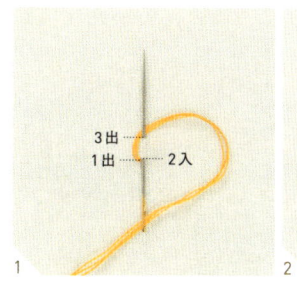

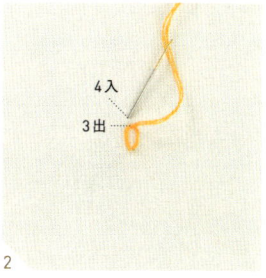

basic technique > 基本的技法

フリー・ステッチ

刺す方向、針目は不規則に自由に刺す。模様を表現したり広い範囲をうめる時などにも使う。

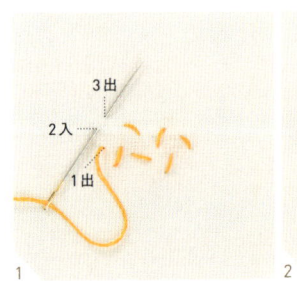

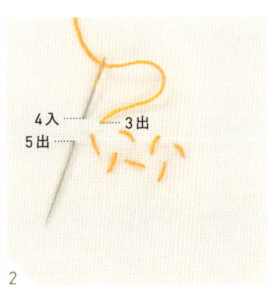

フレンチノット・ステッチ

花の芯や人・動物の目に使われるステッチ。糸を巻きつける回数で大きさを調節。

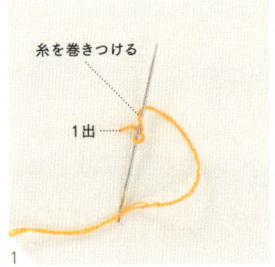

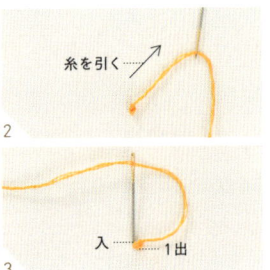

サテン・ステッチ

広い面をうめる時に使うステッチ。サテンのような艶が特徴。

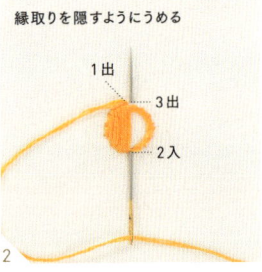

図案の写し方

セロハンを重ねて下絵を傷めないようにする。

1. トレーシングペーパーに図案を写す。
2. 布、チョークペーパー、トレーシングペーパー、セロハンを重ね専用のトレーサーで図案をなぞる。

糸の扱い方

最初に刺しゅう糸の束をほどいて8等分くらいにして切っておくと使いやすい。

1. 使いたい本数を1本ずつ引き抜く。
2. ねじれを直して束にまとめる。

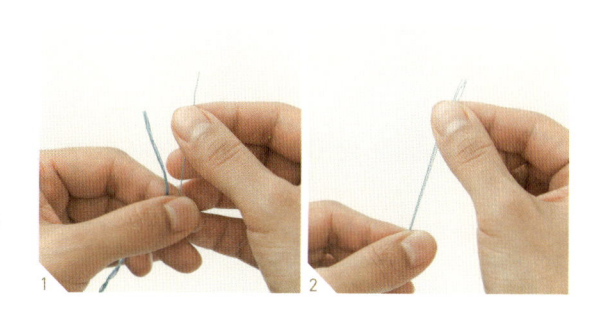

刺しはじめと刺しおわり

「刺しはじめ」の1番簡単なやり方は玉結び。

1. 玉結びを作って糸を通す。
2. 刺しおわりには、刺した糸目にくぐらせて切る。

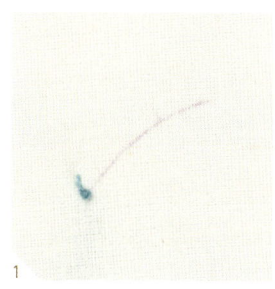

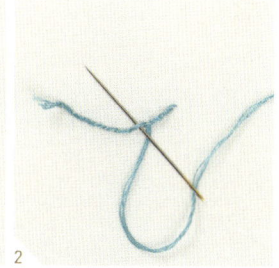

キャンディの三角バッグ　> 作り方P80

赤枠A・Bを各2枚、A3用紙に500％で拡大コピーし、右図のように4枚を繋ぎ合わせる。

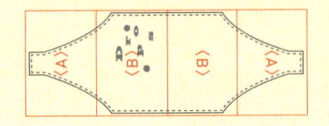

※単位＝cm

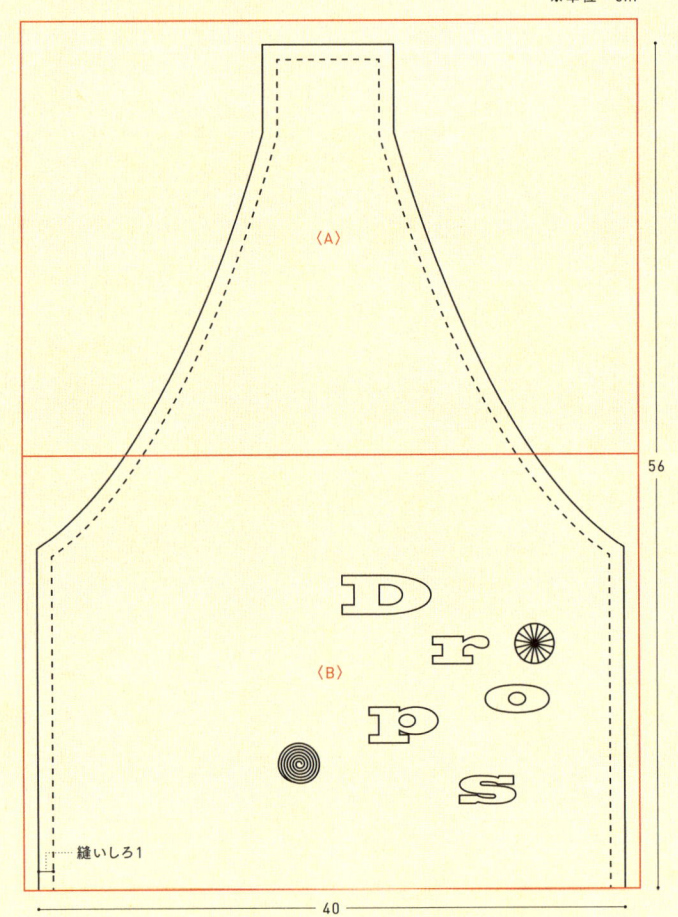

〈A〉

〈B〉

縫いしろ1

56

40

花と蝶の三角バッグ　＞作り方P84

赤枠A・Bを各2枚、A3用紙に500％で拡大コピーし、右図のように4枚を繋ぎ合わせる。表布用・裏布用の2セット作る。

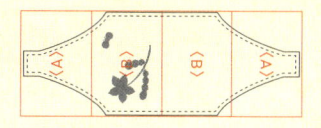

※単位＝cm

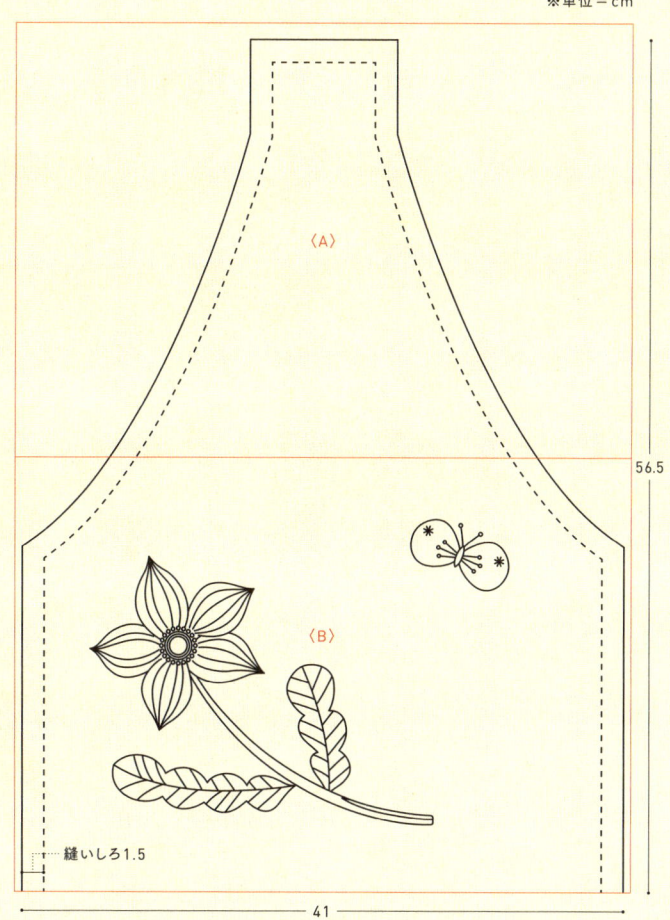

〈A〉

〈B〉

56.5

縫いしろ1.5

41

動物音楽隊のバッグ　＞作り方P96

本体＝赤枠A・Bを各2枚、A3用紙に400％で拡大コピーし、右図のように4枚を
繋ぎ合わせる。表布用・裏布用の2セット作る。
持ち手＝C・DをA3用紙に400％で拡大コピーし、2枚をつなぎ合わせる。

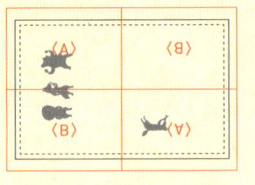

※単位＝cm

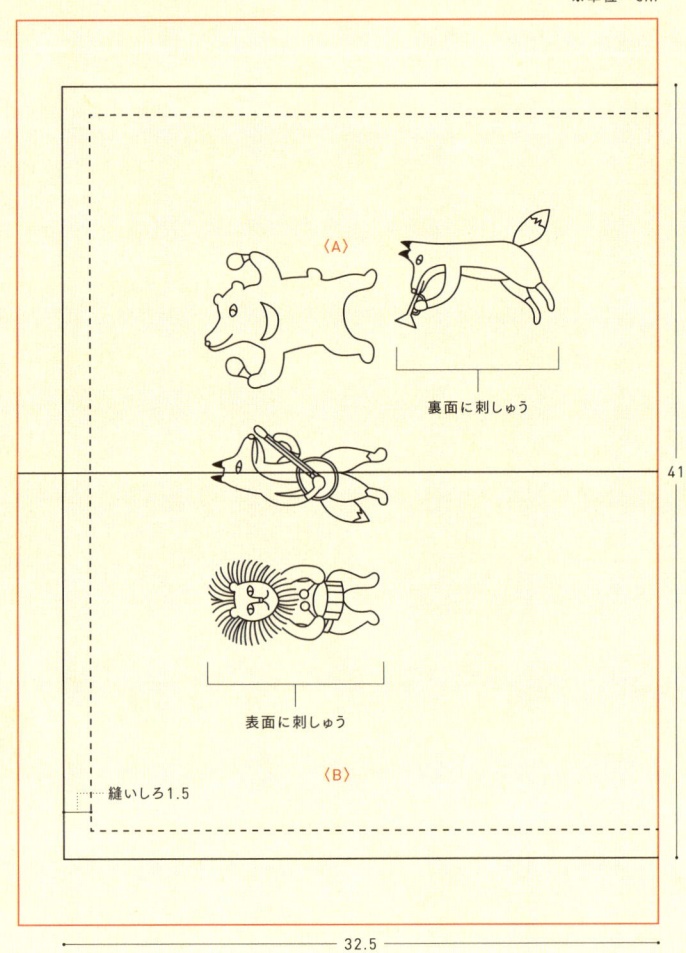

〈A〉

裏面に刺しゅう

表面に刺しゅう

〈B〉

縫いしろ1.5

41

32.5

※単位＝cm

⟨C⟩

⟨D⟩

縫いしろ
1.5

45

13 13

天体のバッグ　> 作り方P100

本体＝赤枠A・Bを各2枚、A3用紙に330％で拡大コピーし、右図のように4枚を
繋ぎ合わせる。表布用・裏布用の2セット作る。
持ち手＝CをA3用紙に330％で拡大コピーする。

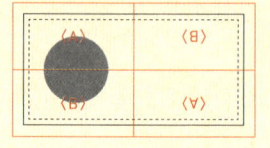

※単位＝cm

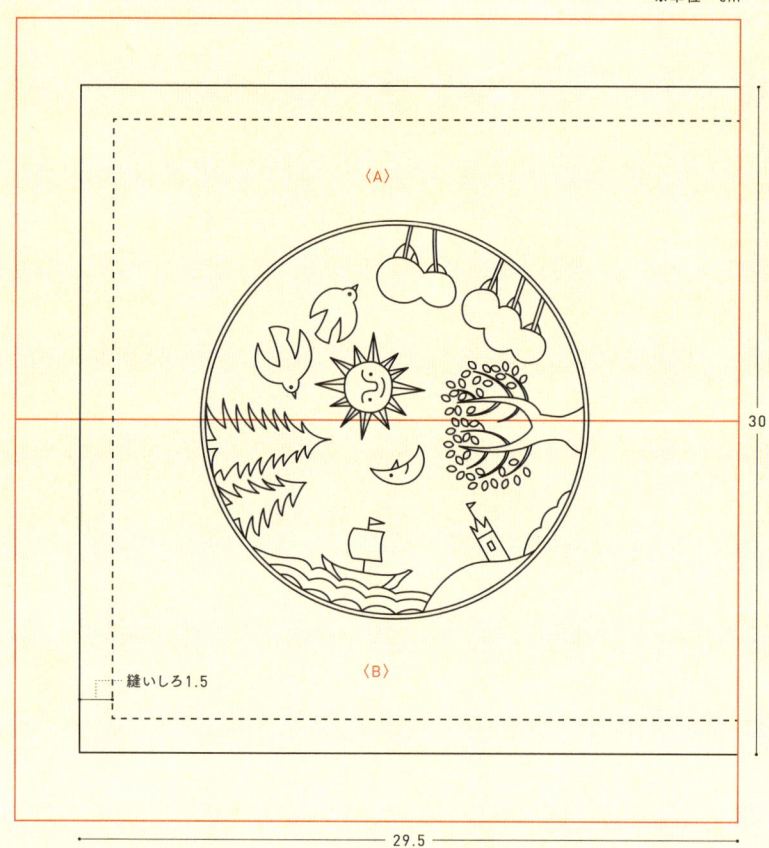

〈A〉

〈B〉

縫いしろ1.5

30

29.5

※単位＝cm

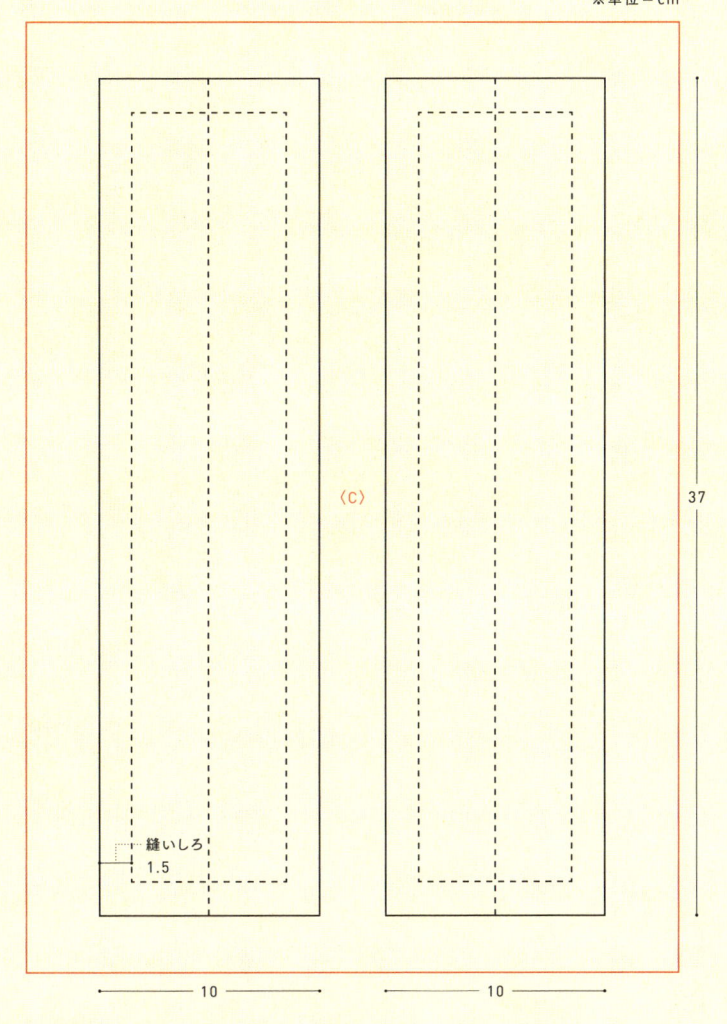

〈C〉

縫いしろ
1.5

37

10   10

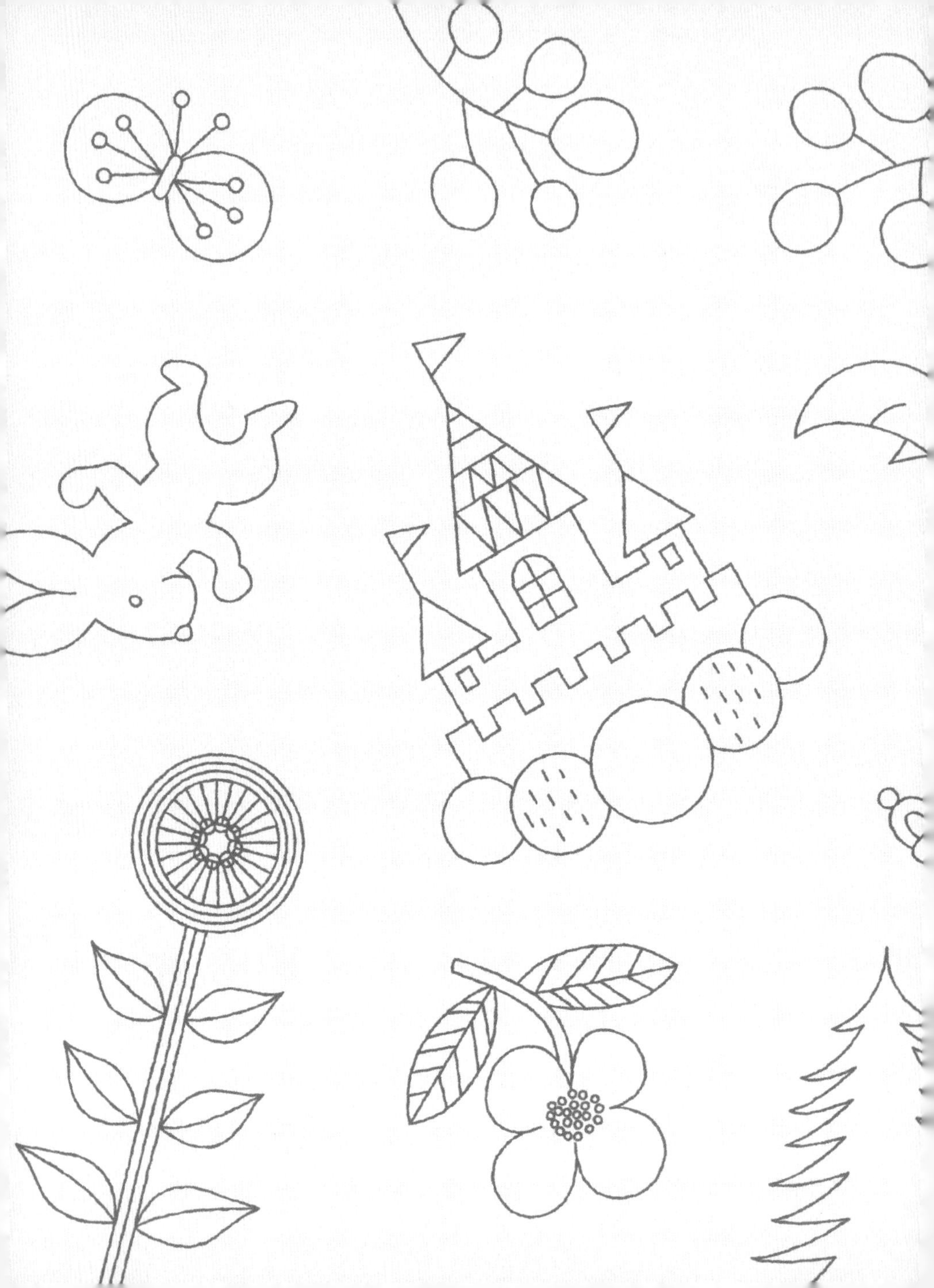

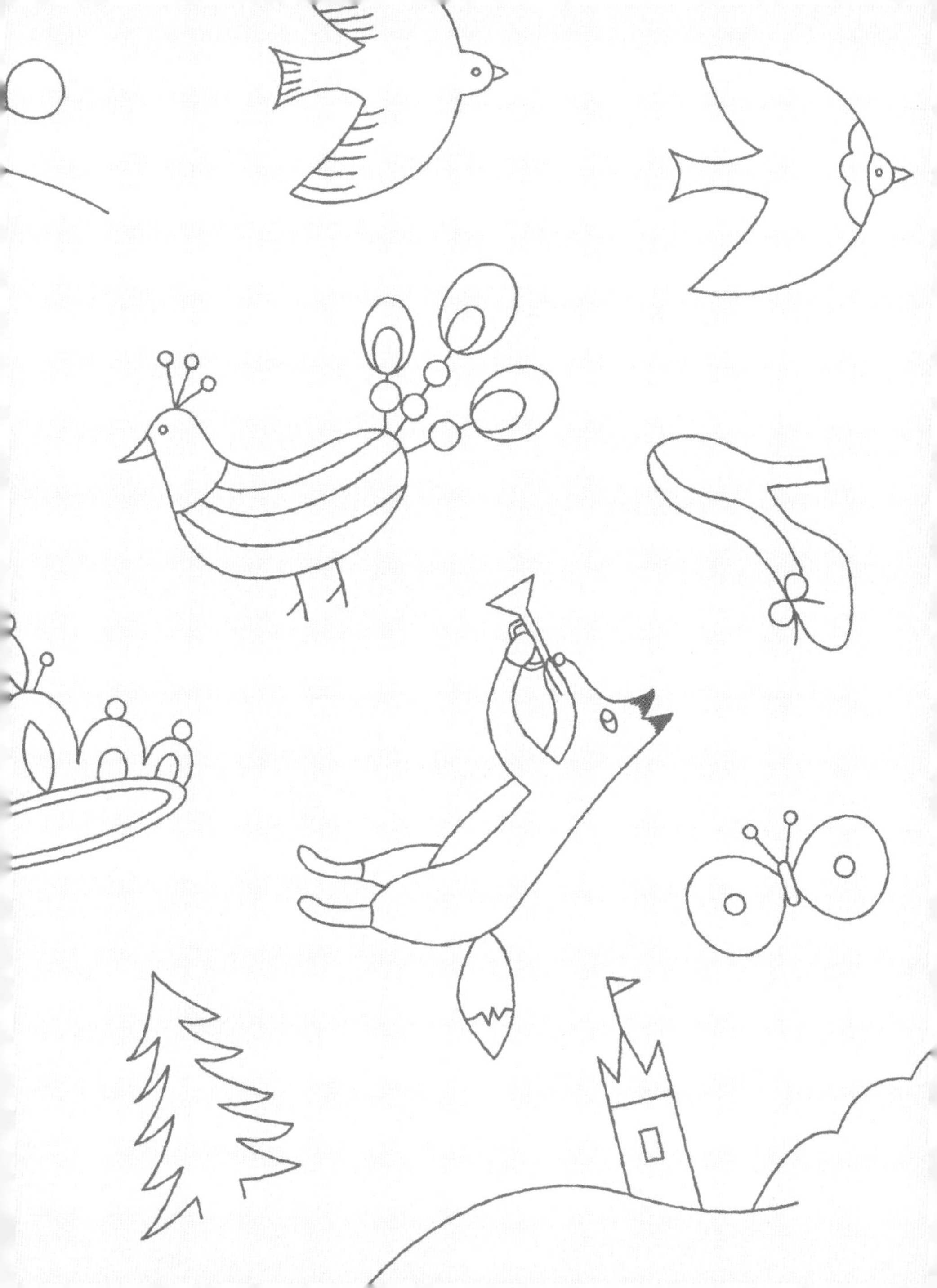

Brops

afterword
> おわりに

このたび、刺繍や手芸への思いを込めたささやかな作品を1冊の本にまとめられたこと、とてもうれしく思っています。
いつも励ましてくださった編集の森田久美子さん、素敵な写真を撮ってくださったカメラマンの西原和恵さん、とびきり可愛いデザインをしてくださったデザイナーの林真さん。制作協力してくださった君塚悦子さん、ありがとうございました。そして、11年前、一緒に「はなはっか」を立ち上げた真帆さんと真人くん、2人と「はなはっか」をはじめなかったら、この本ができることもなかったと思います。
たくさんの方々とのご縁で、こんな素敵な本が完成した事を心から感謝しています。
この本を手にとってくださった方が、あたたかな手作りの時間を楽しんでいただけたら幸いです。

最後に。大きな影響を与えてくれた祖母と母に、いつも支えてくれた家族に、たくさんのありがとうを込めてこの本を贈ります。

2015年2月6日

ささきみえこ

刺しゅう作家。北海道帯広市出身。イラストレーターとしても雑誌、書籍、広告などの媒体で活躍中。2004年より、布のセレクトショップ（WEB）「はなはっか」を運営。オリジナル刺しゅう図案も販売。

- ささきみえこHP = http://homepage3.nifty.com/sasakimieko/
- 布のお店 はなはっかHP = http://hanahakka.com

刺しゅうで楽しむ可愛い雑貨
2015年4月27日 初版第1刷発行

著者	ささきみえこ（作品制作・イラスト・執筆）
デザイン	林真（vond°）
写真	西原和恵
制作協力	君塚悦子
スタイリング	Uno Yoshihiko
モデル	須田ひまり／神林孝明
編集	森田久美子
発行人	柳谷行宏
発行所	有限会社雷鳥社
	〒167-0043 東京都杉並区上荻2-4-12
	TEL 03-5303-9766
	FAX 03-5303-9567
	E-mail info@raichosha.co.jp
	HP http://www.raichosha.co.jp/
郵便振替	00110-9-97086
印刷・製本	シナノ印刷株式会社

定価はカバーに表記してあります。
本書の写真および記事の無断転写・複写をお断りします。
万一、乱丁・落丁がありました場合はお取り替えいたします。

©Mieko Sasaki / Raichosha 2015 Printed in Japan.
ISBN978-4-8441-3678-1 C0077